Friedrich Ostendorf – Bauten und Schriften

Schriften des

Südwestdeutschen Archivs für Architektur und Ingenieurbau (saai)
am Karlsruher Institut für Technologie (KIT)
hrsg. von Prof. Dr. Johann Josef Böker

Band 1

Friedrich Ostendorf – Bauten und Schriften

Kolloquium des Arbeitskreises für
Hausforschung e. V. (AHF) und des Südwestdeutschen
Archivs für Architektur und Ingenieurbau (saai)
am 13. Februar 2009 in Karlsruhe

Hrsg. von Joachim Kleinmanns im Auftrag
des Südwestdeutschen Archivs für Architektur und
Ingenieurbau (saai) und des Arbeitskreises für
Hausforschung e. V. (AHF)

Friedrich Ostendorf 1891

Friedrich Ostendorf um 1907

Joachim Kleinmanns

Editorial

2008 jährte sich das Erscheinen von Friedrich Ostendorfs Grundlagenwerk »*Die Geschichte des Dachwerks*« zum hundertsten Mal. Bis heute gilt es für den, der sich mit der Entwicklungsgeschichte der Dachkonstruktionen beschäftigt, als unverzichtbare Lektüre – hat sich doch seither niemand mehr an dieses Thema in so umfassender Breite herangewagt. Einzelne Studien stellen Aspekte der Ostendorf'schen Interpretationen zur Diskussion, aber eine kritische Revision des gesamten Buches unter der Berücksichtigung der seit 1908 veröffentlichten bauhistorischen Literatur steht aus.

Einen Einstieg in diese Revision beabsichtigte das im Februar 2009 veranstaltete gemeinsame Kolloquium des Arbeitskreises für Hausforschung (AHF) und des Südwestdeutschen Archivs für Architektur und Ingenieurbau (saai) an der Universität Karlsruhe. War das Jubiläum des ›Dachwerke-Buchs‹ auch Anlass dieses wissenschaftlichen Austauschs, so sollte doch unter dem Thema »*Bauten und Schriften*« das gesamte *Spektrum* des Ostendorf'schen Werkes zur Sprache kommen, wenn es auch unmöglich war, an einem Tag das gesamte Werk angemessen zu würdigen.

Friedrich Ostendorf war nicht nur, wie das ›Dachwerke-Buch‹, die begonnene Reihe »*Die deutsche Baukunst im Mittelalter*« und zahlreiche Zeitschriftenartikel belegen, ein kompetenter Bauhistoriker mit Blick für das Detail und Überblick über das Ganze, sondern seine Begabungen reichten weiter. Als Architekturtheoretiker und von seinen Schülern hochverehrter Lehrer begann er 1913 für den Berliner Verlag Ernst & Sohn seine »*Sechs Bücher vom Bauen*« mit dem ersten Band als »*Theorie des architektonischen Entwerfens*«. Im Jahr darauf erschienen bereits der zweite Band »*Die äussere Erscheinung von einräumigen Bauten*« und als »*Erster Supplementband zu den Sechs Büchern vom Bauen*« der Band »*Haus und Garten*«. Die Arbeit am dritten Band war schon recht weit gediehen, als Ostendorf sich freiwillig für den Kriegsdienst meldete. 1915 ist er, nicht einmal 44jährig, in Frankreich tödlich verwundet worden.
Sein gleichaltriger Karlsruher Professoren-Kollege (und ebenfalls Schüler Carl Schäfers) Walter Sackur war es dann, der aus dem Nachlass das Manuskript des dritten Bandes »*Die äußere Erscheinung der mehrräumigen Bauten*« 1920 für

die Veröffentlichung bearbeitete. Die Bände IV bis VI, welche die Titel »*Die äusseren Räume*«, »*Die inneren Räume*« und »*Die Gestaltungsmittel*« tragen sollten, erschienen nicht mehr.
Auch die bauhistorische Schrift »*Aufnahme und Differenzierung der Bautypen*« wurde – diesmal von seinen Schülern Hermann Alker, Otto Gruber, Hans Hauser und Hans Detlev Rösiger – aus dem Nachlass als einziger der geplanten Reihe »*Die deutsche Baukunst im Mittelalter*« herausgegeben. Die weiteren Bände erschienen auch bei dieser Reihe nicht mehr.

Ostendorf reüssierte jedoch nicht nur als Bauhistoriker und Architekturtheoretiker, sondern auch als entwerfender Architekt. Er gewann schon als junger Mann den bedeutenden Architektur-Wettbewerb für ein neues Rathaus in Dresden, doch kam der Entwurf nicht zur Ausführung. Bei anderen Konkurrenzen repräsentativer Großbauten war er weniger erfolgreich. Doch konnte er in seinen Karlsruher Berufungsverhandlungen eine allgemeine Zusage für Aufträge zu öffentlichen Bauten im Großherzogtum Baden erreichen. 1908 zum Bautechnischen Referenten im Finanzministerium ernannt, übertrug man ihm den Neubau des Physikalischen Instituts der Universität Heidelberg, drei Jahre später auch den Neubau der Staatsschuldenverwaltung und Landeshauptkasse in Karlsruhe. Als Denkmalpfleger war er federführend bei der Restaurierung der Klosterkirche St. Blasien im Schwarzwald.

Das Kolloquium konnte zahlreiche Aspekte von Ostendorfs Werk ansprechen, vieles jedoch, speziell von seinen gebauten Werken und seiner Architekturtheorie, verdiente intensivere Beschäftigung. So ist mit der Herausgabe dieser Tagungsdokumentation die Hoffnung verbunden, der fachlichen Diskussion zu Friedrich Ostendorf neue Impulse gegeben zu haben.
Früchte trug die Veranstaltung bereits dadurch, dass dem saai in deren Zusammenhang Unterlagen zu Friedrich Ostendorf übergeben wurden. Dafür gilt Ostendorfs Nichte Gertrud Baukal aus Arnsberg und Dr. Julia Hauch aus Heidenrod besonderer Dank.

Michael Goer

Begrüßung

Sehr geehrter Herr Kollege Böker, sehr geehrte Damen und Herren, liebe Kolleginnen und Kollegen, ich freue mich sehr, Sie heute hier im Torbogensaal des Botanischen Gartens in Karlsruhe begrüßen zu dürfen. Wir haben uns hier getroffen, um – wenn auch ein klein wenig verspätet – über eine Publikation und deren Autor zu sprechen, die vor rund hundert Jahren erschienen ist. Sie stammt aus der Feder meines westfälischen Landsmannes Friedrich Ostendorf.

In Lippstadt 1871 geboren, studierte er Architektur, zunächst an der Technischen Hochschule in Stuttgart, und kehrte im Jahre 1907 nach Südwestdeutschland zurück, als er einen Ruf an die Technische Hochschule in Karlsruhe annahm. Mit nur 44 Jahren fiel er an der Westfront und konnte daher leider nur einen Teil seiner wissenschaftlichen Projekte realisieren. Von seinen »*Sechs Bücher(n) vom Bauen*« waren damals erst zwei und ein Ergänzungsband erschienen. Für die historische Hausforschung steht eine seiner Publikationen im Vordergrund: Es ist das 1908 erschienene Werk »*Die Geschichte des Dachwerks. Erläutert an einer großen Anzahl mustergültiger alter Konstruktionen*«.

»*Zum ersten Male soll hier der Versuch gemacht werden*« – so Ostendorf in seinem Vorwort – »*die vielfach verschiedenen Konstruktionsarten des Dachwerkes in Ihrem Zusammenhange zu betrachten und aus älteren Bautraditionen herzuleiten.*« Dem heutigen Leser wird die stammeskundliche Herleitung mittelalterlicher Dachwerke befremdlich anmuten, und Ostendorf steht damit ganz im Zeitgeist einer Forschung, die Ursprung und Entwicklung von Bauphänomenen jeglicher Art – verweisen möchte ich an dieser Stelle auf Analogien in der Fachwerkforschung oder auf die Suche nach dem ›deutschen Urhaus‹ – in Abhängigkeit von Volksstämmen gesehen haben.

Die Kapitel zwei bis vier in Ostendorfs »*Geschichte des Dachwerks*« sind demgemäß überschrieben: »*Das germanische Kehlbalkendachwerk*«, »*Die Pfettendachwerke römischer und germanischer Art*« und »*Die sichtbaren und offenen Dachwerke römischer und germanischer Art*«. Dennoch stellt sein ›Dachwerkbuch‹ einen Meilenstein innerhalb der Forschungen zu mittelalterlichen Dachwerken in Europa dar. Die vergleichenden und detailreichen Konstruktionsanalysen sind heute wertvolle Quelle und unerschöpfliche Fundgrube zugleich. In der Universitätsbibliothek Stuttgart hat sich ein von leichten Unwetterschäden des Jahres 1972 betroffenes Buchexemplar im Original erhalten, auf das leicht zugegriffen werden kann. Zu vielen Bauten profaner und sakraler Provenienz finden sich – leider ohne Registerunterstützung – Zeichnungen von Ostendorf, die wesentliche Konstruktionsmerkmale seiner untersuchten Dachwerke darstellen. Natürlich nicht verformungsgetreu und in einem Maßstab, für den ich persönlich meistens eine Lupe zu Hilfe nehmen muss. Erstmals auch wird in einer Publikation dem Dachwerk an sich auf breiter Basis eine akribische Aufmerksamkeit gewidmet, die ihresgleichen sucht.
Ich denke, dass wir insbesondere in den Vorträgen heute Nachmittag Wichtiges und auch Neues zu Fragestellungen, Ergebnissen und Unterschieden der Dachwerkforschung der Zeit um 1900 und heute erfahren werden.

Friedrich Ostendorf war aber nicht nur Theoretiker und Wissenschaftler sondern auch planender und bauender Architekt. Wichtige Bauwerke von ihm haben sich im Landesteil Baden erhalten, unter ihnen die Villa Krehl in Heidelberg und sein eigenes Wohnhaus in Karlsruhe, beide aus den Jahren kurz vor dem Ersten Weltkrieg. Aufgrund seines frühen Todes sind sie damit bereits seinem Spätwerk zuzurechnen. Bauten in Westfalen dagegen stammen aus dem Frühwerk Ostendorfs. Mehrere Vorträge am Vormittag und frühen Nachmittag werden sich seinem Œuvre widmen. Literatur über Friedrich Ostendorf steht uns bisher nur in eingeschränktem Maße zur Verfügung. Eine erste Gesamtdarstellung mit dem Titel »*Friedrich Ostendorf (1871–1915). Architektonisches Werk, architekturgeschichtliche und theoretische Schriften*« liegt uns mit der Dissertation von Julia Hauch seit dem Jahre 1995 vor. Frau Hauch hat sich erfreulicherweise bereit erklärt, den heutigen Auftaktvortrag mit dem Untertitel »*Leben und Werk*« zu halten.

Meine sehr geehrten Damen und Herren,
ich freue mich sehr, dass diese Veranstaltung als gemeinsame Veranstaltung des Südwestdeutschen Archivs für Architektur und Ingenieurbau einerseits und dem Arbeitskreis für Hausforschung e. V. andererseits zustande kam. Ich danke insbesondere dem Direktor des saai, Herrn Prof. Dr. Johann Josef Böker, und all denjenigen Kollegen, die an der fachlichen Konzeption dieses Kolloquiums mitgewirkt haben, unter ihnen hatten Dr. Joachim Kleinmanns und Ulrich Klein ganz besonderen Anteil. Danken möchte ich aber auch den Personen, die für die organisatorische Vorbereitung und Durchführung tätig waren und sind. Namentlich ist hier meine Sekretärin Frau Marianna Bauer hervorzuheben.
Ich wünsche uns nun eine interessante wie auch ertragreiche Veranstaltung und bedanke mich bei Ihnen allen für Ihre geschätzte Aufmerksamkeit.

Johann Josef Böker

Friedrich Ostendorf im Südwestdeutschen Archiv für Architektur und Ingenieurbau (saai)

Das Südwestdeutsche Archiv für Architektur und Ingenieurbau wurde mit dem Auftrag gegründet, das architektonische Erbe vor allem des 20. Jahrhunderts – namentlich der beiden südwestdeutschen Technischen Hochschulen in Stuttgart und Karlsruhe – zu bewahren und der Forschung zugänglich zu machen. Anlass für diese Gründung war die Erfahrung, dass zahlreiche Nachlässe der für die Region bedeutendsten Architekten nach deren Tod verlorengegangen waren. Zu diesen bedauerlichen Verlusten gehört auch das zeichnerische Werk Friedrich Ostendorfs (1871–1915), das größtenteils als verschollen gelten muss. Dies betrifft namentlich auch die Zeichnungen für seine (unvollständig gebliebenen) »*Sechs Bücher vom Bauen*«. Als ein kleiner Ersatz für das Verlorene können jedoch die Skizzenbücher dienen, die einen wichtigen Einblick in die Arbeitsweise Ostendorfs geben.

Die Sammlungspolitik des saai beschränkt sich keineswegs auf die Vertreter der ›offiziellen‹ Architekturauffassung der Moderne des 20. Jahrhunderts, sondern schließt alle Richtungen der Zeit ein. Das Werk Ostendorfs steht hierbei an einem entscheidenden Wendepunkt: Als Schüler des Neugotikers Carl Schäfer in Berlin hatte er schließlich dessen Nachfolge als Professor für Mittelalterliche Baukunst in Karlsruhe angetreten, sich aber in seiner Entwurfs- und Publikationstätigkeit einer von humanistischen Traditionen getragenen klassischen Gestaltungsweise zugewandt. Seinem eigentlichen Lehrgebiet wandte er sich mit der »*Geschichte des Dachwerks*« von 1908 und dem postum von seinen Schülern herausgegebenen Werk »*Die deutsche Baukunst im Mittelalter*« aus einer vorwiegend wissenschaftlichen Perspektive zu, wobei namentlich das erstgenannte auch weiterhin eines der wichtigsten Quellenwerke für diese Gattung darstellt. Das Centennium des Erscheinens dieses für die baugeschichtliche Forschung grundlegenden Buches wurde daher als Anlass für eine gemeinsame Tagung des Arbeitskreises für Hausforschung und des saai genommen, um in Ermangelung einer längst überfälligen Monographie über den Architekten, Bauforscher und Publizisten Friedrich Ostendorf möglichst umfassend über die verschiedenen Fassetten in seinem Werk zu berichten.

Julia Hauch

Friedrich Ostendorf
Leben und Werk

Friedrich Ostendorf wird am 17. Oktober 1871 in Lippstadt in Westfalen geboren. Er ist der Sohn eines Pädagogen und verbringt seine Jugend in Düsseldorf und Lippstadt.[1] 1890 besteht er die Reifeprüfung und nimmt dann das Studium der Architektur auf. Im Wintersemester 1891/92 setzt er sein Studium in Hannover fort, wo er 1892 die Erste Vorprüfung im Hauptfach ablegt. 1893 immatrikuliert sich der 22jährige Ostendorf an der Technischen Hochschule in Berlin-Charlottenburg, wo er auf den damals 49jährigen Carl Schäfer (1844–1908) trifft. Schäfer wird für Ostendorf zu dem prägenden akademischen Lehrer. Am 13. Oktober 1894 meldet Ostendorf sich zur Ersten Hauptprüfung an.[2] Aus diesen Studienjahren ist eine frühe Arbeit erhalten, welche in einer Lehrveranstaltung Carl Schäfers entstanden ist. Im Jahr 1895 werden diese Entwürfe veröffentlicht. Von Ostendorf ist eine Kirche abgebildet.[3]

Ab Februar des Jahres 1895 arbeitet Ostendorf kurzfristig in Schäfers privatem Büro, wo er Arbeiten für die Altkatholische Kirche in Karlsruhe und ein Offizierskasino in Düsseldorf anfertigt. Kurz darauf wechselt er im April in die Großherzogliche Badische Baudirektion in Karlsruhe zu Josef Durm (1837–1919). Er erhält seine Ernennung zum Königlichen Regierungsbauführer und übernimmt eine Tätigkeit, die man als Assistententätigkeit verstehen kann. Dem 24jährigen Ostendorf werden zahlreiche Dienstreisen angetragen, die ihn beispielsweise nach Freiburg führen.

Carl Schäfer, Ostendorfs akademischer Lehrer, vermittelt in diesen Jahren das Entwerfen in mittelalterlichem Stil. Gemeint sind damit keine Kopien historischer Vorbilder. Eigenständige Entwürfe, welche sich an der baulichen Tradition vergangener Epochen orientieren, sind beabsichtigt. So leitet Schäfer in seiner Lehre an zu einer skizzierenden Vergegenwärtigung der mittelalterlichen Bautradition. Ostendorfs Dienstreisen in dieser Zeit gewähren dazu reichlich Gelegenheit. Der junge Architekt beherzigt die Ratschläge, er zeichnet, wo er sich aufhält, um eine fundierte Basis für seine entwerfende Tätigkeit zu schaffen. Eine Dokumentation von Bauwerken für Nachfahren war zunächst sicher keine Absicht, die Ostendorf mit den Skizzenbüchern verband, welche er fortan beständig führte. Auch als Reisetagebücher darf man die Skizzenbücher nicht deuten, wenngleich sie oft auf Reisen entstanden sind. Eine Untermauerung der persönlichen Entwürfe war die vordergründige Absicht in diesen Jahren. Eine Abbildung in einem Skizzenbuch belegt, dass Ostendorf sogar in Museen vor Gemälden skizzierte, um sich genauere Kenntnisse über mittelalterliche Innenarchitektur zu verschaffen Abb. 1. Er selbst vermerkt auf dem Blatt handschriftlich: »*Roger van der Weyden, 1400–1464, Geburt Christi, Tournai – Brüssel, Triptychon, linker Flügel, also die Läden sind so eingerichtet, dass sie sich an die Ecke anlegen + um dieselbe herumschlagen.*«[4] Ein anderes Blatt aus den Skizzenbüchern mit der Darstellung eines Türschlosses

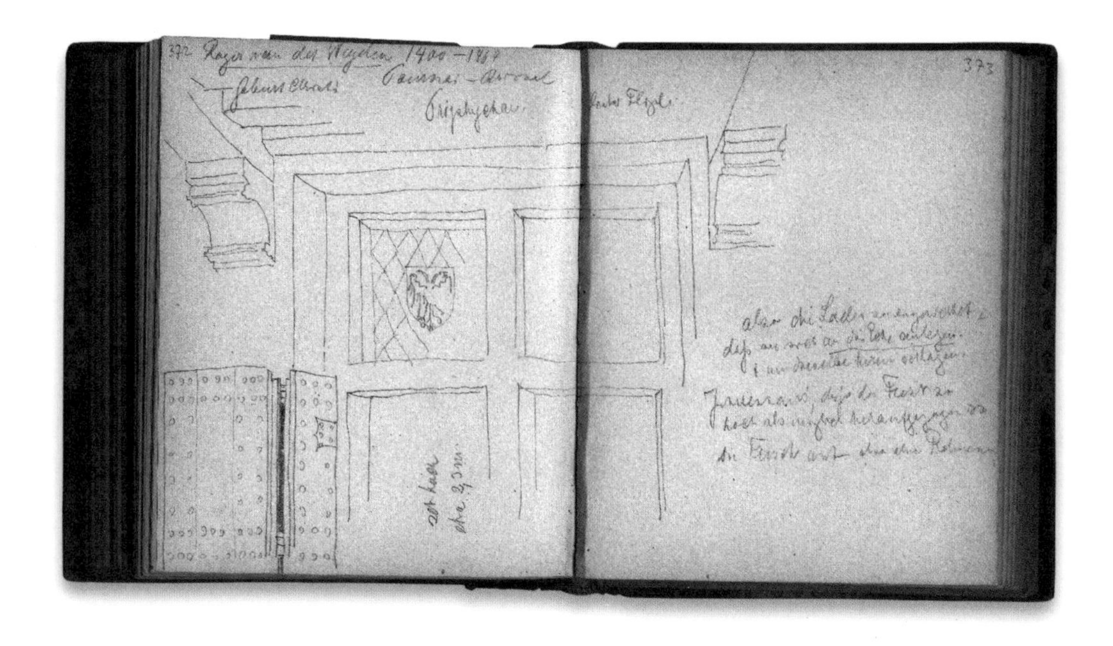

belegt ein eher technisches Interesse Abb. 2. Der Weg des jungen Architekten führt weiter nach Marburg, Köln, Trier, Paderborn, Münster. Seine Anstellung ermöglicht ihm eine Betätigung in der Nähe seiner Heimatstadt Lippstadt, wo er am 31. März 1898 den Bauantrag für sein erstes eigenes Bauvorhaben stellt Abb. 3.

Sein Bauherr, Konsul Hilbck, ist zugleich Joaquinas Vater. Joaquina und Friedrich Ostendorf heiraten im November 1899. Das Haus an der Lippe ist nur durch Archivaufnahmen dokumentiert Abb. 4. Im Jahr 1972 wird es abgebrochen.[5]

In zeitlicher Überschneidung arbeitet Ostendorf an seiner Bewerbung für den Schinkelpreis 1899. Einsendeschluss ist der 21. Dezember 1899. Der Entwurf macht den jungen Regierungsbauführer in kurzer Zeit überregional bekannt.[6]

Ostendorf war in Berlin als auswärtiges Mitglied in den Berliner Architekten-Verein eingetreten. Der Verein veranstaltete Exkursionen, hatte eine Fachbibliothek und schrieb Monatskonkurrenzen aus. Dabei handelte es sich um Architekturwettbewerbe. Nicht immer bestand dabei ein konkreter Anlass oder Aussicht auf Ausführung der Entwürfe.

Im Jahr 1852 war der Schinkelpreis eingeführt worden. Friedrich Wilhelm IV. hatte dafür Staatspreise gestiftet. Damit war die Schinkelpreisausschreibung zu einem bedeutungsvollen Ereignis in der Fachwelt geworden. Ein Schinkelpreisträger wurde rasch bekannt, weil der Verein die Entwürfe auf breiter Basis publizierte.

Im Jahr 1899 gewinnt Ostendorf mit seinem Entwurf »*Barbarossa*« diese Konkurrenz Abb. 5.[7] Ein Fest- und Gesellschaftshaus für die deutsche

Abb. 1 Skizze nach Rogier van der Weyden, »Geburt Christi«, linker Flügel des Triptychons

Marine, welches in unmittelbarer Nähe des Kieler Hafens entstehen sollte, war zu entwerfen. Ein Kasinobetrieb für durchschnittlich 200 Besucher sollte ermöglicht werden, Wohnmöglichkeiten für etwa 20 Diener vorhanden sein. Stil und Material durften frei gewählt werden.
Für den Entwurf wird Ostendorf der mit 1700 Mark dotierte Staatspreis zuerkannt. Er hatte innerhalb von zwei Jahren eine mindestens drei Monate dauernde Studienreise anzutreten, deren Verlauf genehmigungspflichtig war. Zum Beleg mussten Skizzenbücher geführt werden, die später dem Architektenverein und dem Ministerium vorzulegen waren. Der Vorstand des Architektenvereins Berlin schreibt am 7. März 1899 an das Ministerium: »*Eure Excellenz bitten wir ehrerbietigst dem Genannten den Staatspreis von 1700 Mark zur Ausführung einer bauwissenschaftlichen Studienreise hochgeneigtest zu bewilligen.*«[8]

Auf den 28. April 1899 datiert das Baugesuch für die Villa Schwemann in Lippstadt Abb. 6. Auch hier wurde ein Grundstück in der Nähe der Lippe bebaut, das Haus aber 1966 abgebrochen.[9]

Am 21. Oktober 1899 legt Ostendorf seine Zweite Hauptprüfung ab und besteht diese Prüfung mit Auszeichnung. Ab 28. Oktober darf er sich Regierungsbaumeister nennen. Dem Architektenverein legt er zugleich die Reiseroute vor, welche er mit den Mitteln des Staatspreises zu bereisen beabsichtigt. Zum Ende des Jahres 1899 führt ihn der

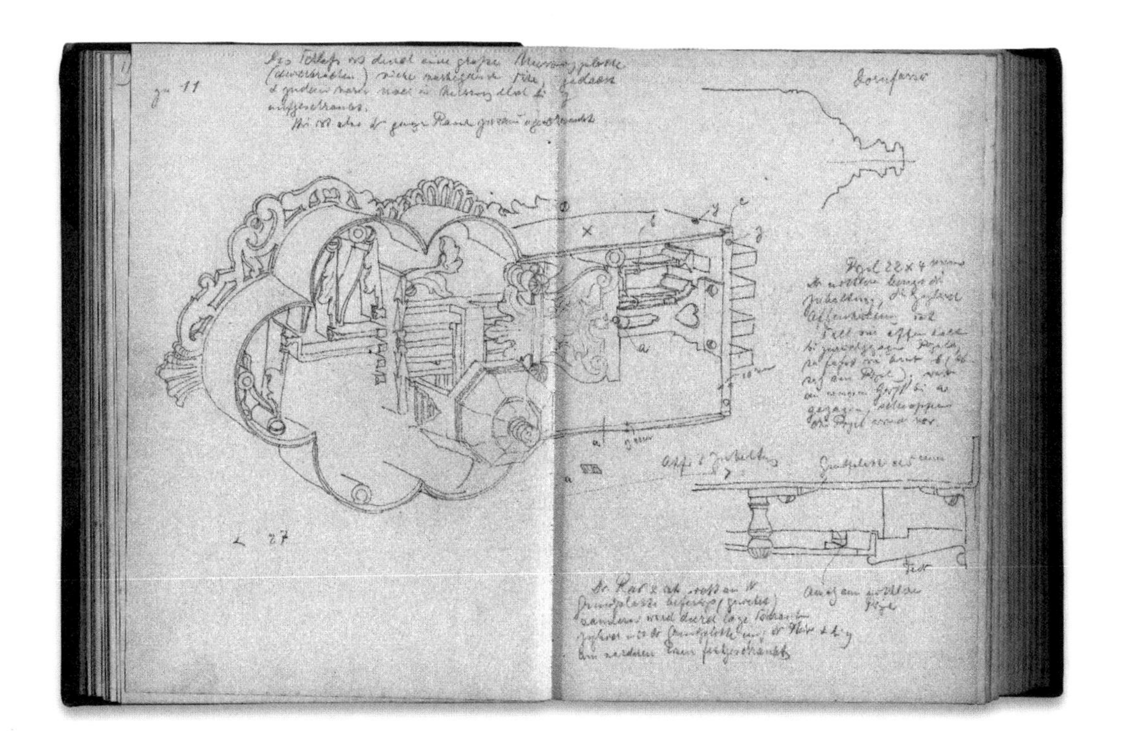

Abb. 2 Skizze eines Türschlosses

Abb. 3 Vorentwurf der Villa Hilbck in Lippstadt, 1896

erste Teil seiner Studienreise an den Rhein und Main, um dort mittelalterliche Profanbauten zu studieren. Im Jahr 1900 bereist er dann Italien. Er selbst vermerkt in seinem Reisebericht: »*In Neapel und Pompeii wollte ich hauptsächlich ein Bild davon gewinnen, was die Bauhandwerke der alten Welt geleistet hatten.*«[10]

Nach seiner Rückkehr aus Italien im Frühjahr 1900 bittet Ostendorf um seine Entlassung aus dem Staatsdienst und betreibt in Düsseldorf ein »*Bureau für Architektur und Möbelkunst*«. Am 18. August erhält er für sein gutes Zweites Staatsexamen einen zweiten Staatspreis, der mit 1800 Mark dotiert ist. Auch in diesem Fall muss eine Reiseroute vorgelegt werden. Zum Beleg werden wiederum Skizzenbücher erbeten.

Während des Jahres 1901 nimmt Ostendorf an drei größeren Wettbewerben teil. Die Bewerbungsfristen stellen dabei den besten Anhaltspunkt für die zeitliche Zuordnung dar. Der 10. Januar 1901 ist Einsendeschluss für ein Gebäude, welches die Mainzer Volksbank projektiert hatte.[11] Einsendeschluss für das neu zu erbauende Rathaus in Dresden ist der 15. Februar 1901. Ostendorf erhält

Abb. 4 Villa Hilbck in Lippstadt, 1898, Foto 1969

für diesen Entwurf den Ersten Preis.[12] Bis 14. März 1901 konnten Entwürfe für eine Altstadtbebauung in Bremen eingereicht werden.[13] Zudem erscheinen 1901 architekturhistorische Aufsätze, welche in Verbindung mit den Skizzenbüchern gesehen werden müssen.[14]

Am 5. März 1902 wird Ostendorf die Reiseprämie für den zweiten Staatspreis überwiesen.[15] Die Aufmerksamkeit gilt während dieser Reise französischen Bauwerken. Bei seiner Rückkehr im August 1902 bringt er 16 gefüllte Skizzenbücher mit nach Düsseldorf.

Im Dezember des Jahres bittet er um erneute Aufnahme in den öffentlichen Dienst. Auf den 15. Dezember datiert ein ausführlicher Erläuterungsbericht für den Umbau des Rathauses in Lippstadt (siehe dazu den Beitrag von Roswitha Kaiser in diesem Band). Dabei handelt es sich um die Basis für die langjährige Betreuung dieses Bauvorhabens.

Die angestrebte Tätigkeit im Ministerium der öffentlichen Arbeiten tritt Ostendorf zum 1. April 1903 an. Ungeachtet dessen nimmt er weiterhin an Wettbewerben teil. Am 1. Juli 1903 reicht er seinen Entwurf für den zweiten Wettbewerb zur Erlangung von Entwürfen für einen Rathausneubau

Abb. 5 Entwurf für die Bewerbung um den Schinkelpreis des Architekten- und Ingenieurvereins Berlin, 1898, Blatt 14, Ansicht vom Meer, Tusche auf Karton

in Dresden ein. Zur zweiten Ausschreibung war es gekommen, weil veränderte Bedingungen vorlagen. Dazu gehörte auch eine Erweiterung des Baugrundstücks. Auch in diesem Fall wird Ostendorfs Entwurf mit dem Ersten Preis ausgezeichnet.[16]

Eine weitere berufliche Qualifizierung war ein zusätzliches Anliegen, welches der junge Architekt in dieser Zeit betreibt. In einem Brief, welcher auf den 10. Februar 1904 datiert, schreibt er an den Minister der öffentlichen Arbeiten: »*Ew. Excellenz bitte ich gehorsamst genehmigen zu wollen, dass ich mich an der Königlichen Technischen Hochschule zu Berlin als Privatdozent habilitiere. Ich beabsichtige einen zweistündigen Vortrag zu halten über die Konstruktions- und Formenlehre der Renaissance in Deutschland von 1500–1750.*«[17]

Im Herbst des Jahres 1904 sollte eine neu gegründete Technische Hochschule in Danzig ihren Lehrbetrieb aufnehmen, da in Berlin-Charlottenburg dem großen Andrang nicht mehr gerecht zu werden war. Der inzwischen habilitierte Ostendorf wurde sofort in Betracht gezogen. Von großer Bedeutung waren seine beiden Wettbewerbsbeiträge für Dresden und seine dem Ministerium bekannten Skizzenbücher. So lautet eine Beurteilung, welche im Zusammenhang mit den bevorstehenden Berufungen eingeholt wurde: »*Ostendorf ist ein ganz ungewöhnlich begabter Architekt, vorzüglicher Zeichner und kritischer Beobachter. In seinen mit bewundernswertem Fleiß auf vielen Reisen gesammelten Skizzen offenbart sich ein gründliches Eindringen in das Wesen der alten Bauten, deren Organismus in klarer künstlerischer Form zur Darstellung gebracht ist. Auf malerische Bilder, die sonst architektonische Skizzenbücher zu füllen pflegen, ist verzichtet. Statt dessen sind vorzügliche Aufnahmen von allen Teilen der Bauwerke gefertigt und zwar in einer so systematischen Art, dass der Verfasser von den Bauwerken, die er darstellt, nicht nur einen flüchtigen Eindruck, sondern eine eindringliche Kenntnis genommen haben muss.*«[18]

Ostendorf wird zum Professor ernannt. Er nimmt seine Lehrtätigkeit im Herbst 1904 in Danzig auf. Das Ausbildungssystem gleicht sehr dem seines eigenen Werdegangs. Er selbst versichert bei seiner Berufung, »*die Professur für mittelalterliche Baukunst in der Architekturabteilung zu übernehmen und dieses Fach in Vorträgen und Übungen in dem Umfange zu übernehmen, wie es durch die Genehmigung seiner Excellenz des Herrn Kultusministers unterliegenden Unterrichtsprogramm der Hochschule vorgeschrieben wird.*«[19]
Ostendorfs Arbeit in Danzig ist beispielsweise durch eine Sammlung studentischer Arbeiten, welche im Jahr 1906 veröffentlicht werden, dokumentiert.[20]

Im Jahr 1907 erkrankt Carl Schäfer, der inzwischen in Karlsruhe lehrt. Seine Pensionierung wird vorbereitet. Die Abteilung für Architektur benennt mögliche Nachfolger für den scheidenden Hochschullehrer. In einer internen Stellungnahme ist zu lesen: »*Für die durch Krankheit des Herrn Oberbaurat Professor Schäfer freigewordene Professur werden nur solche Kräfte in Betracht zu ziehen sein, welche im Stande sind, die historische Richtung der mittelalterlichen Baukunst und Renaissance mit Erfolg weiterzuführen. Dieses Ziel wird am sichersten zu erreichen sein, wenn es gelingt, einen Schüler Professor Schäfers zu gewinnen, der in dessen Richtung schon namhaftes geleistet hat.*«[21]

Am 5. Juli 1907 wird Ostendorf vom badischen Großherzog zum Ordentlichen Professor ernannt.

Nach seiner Berufung wendet er sich am 11. Juli nochmals nach Karlsruhe und schreibt: »*Der andere Punkt ist für mich von besonderer Wichtigkeit. Sie hatten damals die Güte, mir zu versprechen, daß der Vertrag einen Passus erhalten solle, wonach der Fiscus verpflichtet sein sollte mir nach Möglichkeit Aufträge von Staatsbauten zu geben. Es ist wohl ein Versehen, daß diese Dinge nicht mit aufgenommen worden sind.*«[22] Ostendorf sichert sich damit wichtige Aufträge.

Am 24. August 1907 wird er von der preußischen Hochschule verabschiedet. Er zieht nach Karlsruhe und hält am 23. November 1907 seine Antrittsvorlesung. Dabei behandelt er die Frage »*Warum studieren wir historische Architektur?*« Ostendorf lehrt das Entwerfen in mittelalterlichem Stil zunächst auch in Karlsruhe. Am 5. Mai 1908 stirbt Carl Schäfer. Ostendorf widmet ihm sein im selben Jahr erschienenes Buch über »*Die Geschichte des Dachwerks*«.[23]
Am 5. Oktober wird Ostendorf zum bautechnischen Referenten im Finanzministerium ernannt. Ihm sind nun die Restaurierungsarbeiten an der Abteikirche St. Blasien unterstellt, die ihn bis 1913 beschäftigen. An der Baustelle unterstützt ihn Ludwig Schmieder.

Am 1. Dezember 1908 ist Bewerbungsschluss für die Einreichung von Entwürfen für das Ministerial- und Landtagsgebäude in Oldenburg. Ostendorfs Entwurf Abb. 7 erhält keine Prämierung. Sieger des Wettbewerbs sind die Stuttgarter Architekten Bonatz und Scholer.[24]
Auf den 9. März 1909 datiert Ostendorfs Entwurf für ein Rathaus in Berlin-Wilmersdorf Abb. 8. Bei dieser Ausschreibung hatte der Magistrat neben Ostendorf noch Theodor Fischer (1862–1938) aus Stuttgart und Gabriel von Seidel (1848–1913) aus München eingeladen. Ostendorfs Entwurf wird abgelehnt, das Projekt nicht ausgeführt.[25]
Der 2. Februar 1910 ist Einsendeschluss für eine Friedhofsplanung in Bremen-Osterholz. Ostendorf wird für seinen Entwurf »*Morituris*« mit dem dritten Preis ausgezeichnet. Das Preisgericht erwähnt den »*strengen, monumentalen Charakter*« des Entwurfs.[26]

Bereits am 9. März 1910 beginnen in Heidelberg die Vorarbeiten für den Bau der Villa des Pathologen Ludolf von Krehl (siehe dazu den Beitrag von Clemens Kieser in diesem Band). Ostendorf betreut hier ein großes privates Bauvorhaben, welches durch die Hanglage des Grundstücks vor eine besondere Herausforderung stellte. Es waren 25 Prozent Steigung zu beachten. Das eigentliche Baugesuch wird am 21. Januar 1911 eingereicht. Die fertiggestellte Anlage wird 1913 von dem Heidelberger Fotografen Ernst Gottmann dokumentiert.[27]
Am 24. März 1910 wird die Baugenehmigung für das Physikalische Institut der Universität in Heidelberg erteilt. Bereits im November 1908 war die Arbeit an Ostendorf vergeben worden. Der Grund für die Neuplanungen waren Erschütterungen,

Abb. 6 Villa Schwemann in Lippstadt, 1899

Abb. 7 Entwurf für das Ministerial- und Landtagsgebäude in Oldenburg, 1908

Abb. 8 Entwurf für das Rathaus in Berlin-Wilmersdorf, 1909

welche die Straßenbahn in der Heidelberger Altstadt verursachte. Zudem wollte man den Physiker Philipp Lenard an die Universität binden, der seine Zusage von den örtlichen Arbeitsbedingungen abhängig machte. Die Einweihung des Gebäudes erfolgte am 24. Mai 1913.[28]
Der 30. November 1910 war die Bewerbungsfrist für Ideen zum Bismarck-Nationaldenkmal auf der Elisenhöhe bei Bingen am Rhein. Am 10. April 1915 waren Feierlichkeiten zum hundersten Geburtstag Bismarcks geplant. Das Denkmal sollte den Rahmen dafür schaffen. Insgesamt 379 Künstler – darunter viele Bildhauer – reichten Vorschläge ein. Ostendorfs Entwurf wird einstimmig abgelehnt.[29]

Am 15. Februar 1912 wird der Baubescheid für Ostendorfs eigenes Wohnhaus in Karlsruhe ausgestellt (siehe dazu den Beitrag von Gerhard Kabierske in diesem Band).[30] Baubeginn für die Staatsschuldenverwaltung am Schlossplatz 2–4, ebenfalls in Karlsruhe, ist der 1. April 1912 Abb. 9 . Mit großer Vorsicht wurde die Bauaufgabe vorangetrieben, weil man den Gesamteindruck des Platzes nicht gefährden wollte. Das Gebäude wurde am 1. August 1913 der Benutzung übergeben. Auch an dieser Baustelle wird Ostendorf von Ludwig Schmieder unterstützt.[31] Weiterhin beschäftigt Ostendorf die Überarbeitung von bestehenden Planungen für die Gartenstadt Rüppurr bei Karlsruhe; der Ostendorfplatz wird 1915 fertiggestellt.[32]

Längst ist Ostendorfs Abkehr vom Entwerfen im mittelalterlichen Stil offenkundig. Nicht nur für die Lehre an der Hochschule, sondern auch für seine eigenen Entwürfe hat der Architekt neue Kriterien entwickelt. Im Januar 1913 erfolgt eine schriftliche Darstellung für diese grundlegende Umorientierung. Zwei Textstellen skizzieren die Struktur des Wandels in vereinfachter Form. Ostendorf schreibt im Hinblick auf die Architektur des 18. Jahrhunderts: »*Man hatte die mittelalterlichen Formen beiseite gelegt und an ihre Stelle die Formen der römischen Antike gesetzt. Das bedeutet aber natürlich die neu geschaffene Grundlage. Man hatte aber auch für den Entwurf die mittelalterliche Anschauung aufgegeben und war zur Anschauung der antiken Kunst zurückgekehrt oder vielmehr vorwärts geschritten zu einer einfacheren und größeren Anschauung. Zugleich hatte man das Feld des Architekten erweitert und außer für die inneren Räume und das Äußere der Gebäude auch für die äußeren Räume – die Straßen, Plätze, Höfe und Gärten – einen architektonischen auf eine einfache Erscheinungsform gerichteten Entwurf gefordert. Das war ein außerordentlicher Fortschritt in künstlerischer Beziehung.*«[33] An einer anderen Stelle erläutert er: »*Fragt aber der gebildete Architekt die alte Kunst, was sie unter Entwerfen verstand, so erhält er zum Schluß die Antwort, dass Entwerfen heißt: die einfachste Erscheinungsform für ein Bauprogramm finden, wobei ›einfach‹ mit Bezug auf den Organismus und nicht etwa mit Bezug auf das Kleid zu verstehen ist.*«[34]

Im Jahr 1913 nimmt Ostendorf weiterhin an einem Wettbewerb für die Klinik in Freiburg teil. Er entwirft für den Neubau der Kunstakademie in Düsseldorf. Beide Arbeiten finden keine Beachtung.

Am 1. April 1914 wird die von Ostendorf gestaltete Brückenbebauung in Lippstadt genehmigt Abb. 10 , am 18. April das Kreishaus in Lippstadt, welches Ende der 1960er Jahre abgebrochen wird.[35] Im September 1914 reicht er letztlich einen Entwurf für die Bebauung

des Bahnhofsplatzes in Stuttgart ein, der aber nicht berücksichtigt wird. Bonatz und Scholer gewinnen diesen Wettbewerb.
Doch bereits am 26. August 1914 hatte Ostendorf an das Großherzogliche Ministerium des Kultus und Unterrichts geschrieben: »*Großherzogliches Ministerium habe ich die Ehre mitzuteilen, daß ich mich der mobilen Truppe zur Verfügung gestellt habe und daß ich infolgedessen verhindert bin, meine Vorlesungen abzuhalten. Ich bitte daher, mich bis auf weiteres zu beurlauben.*«[36] Ostendorf wird freigestellt. Er dient als Kompanieoffizier. Um den 16./17. März 1915 wird er tödlich verletzt und am 29. März in Karlsruhe begraben.

Abb. 9 Neubau der Staatsschuldenverwaltung und Landeshauptkasse Karlsruhe, Schlossplatz, 1911–1913

Abb. 10 Brückenbebauung in Lippstadt, 1914, östliches und westliches Brückenhäuschen

Anmerkungen

1 Badisches General-Landesarchiv Karlsruhe (GLA), 235/2361, Personalakte für Friedrich Ostendorf.
2 Geheimes Staatsarchiv Danzig, 988/2963, S. 57.
3 Technische Hochschule zu Berlin, Die Bauhütte. Entwürfe im Stil des Mittelalters, neu angefertigt von Studierenden unter Leitung von Carl Schäfer, III. Bd. Berlin 1895, Tafel 13–25.
4 Südwestdeutsches Archiv für Architektur und Ingenieurbau (saai), Karlsruhe, Bestand Friedrich Ostendorf, Skizzenbücher.
5 Stadtarchiv Lippstadt, Stadt Lippstadt, Grundakten betr. das Hausgrundstück Lippertor Nr. 6, Flur 7, Nr. 3930, BA 153.
6 Architekturmuseum der Technischen Universität Berlin, Ostendorf, AIV 1899.
7 »Architektenverein zu Berlin«, in: Deutsche Bauzeitung, 33. Jg. (1899), S. 126–127.
8 Geheimes Staatsarchiv Danzig, 988/358, S. 47.
9 F(ranz) Kersting, Lippstadt zu Anfang des 20. Jahrhunderts. Zugleich ein Führer durch die Stadt und ihre Umgebung, Lippstadt 1905/06, S. 169.
10 Architekturmuseum der Technischen Universität Berlin, Handschriftlicher Erläuterungsbericht vom 17.5.1900.
11 »Volksbank für Mainz«, in: A. Neumeister (Hrsg.), Deutsche Konkurrenzen, 1901.
12 Albert Hofmann, »Wettbewerb zur Erlangung von Entwürfen für ein neues Rathaus in Dresden«, in: Deutsche Bauzeitung, 35. Jg. (1901), S. 157–158, 169–170 und 177–179.
13 Alexander Haupt, »Fassaden für Bremens Altstadt«, in: Deutsche Bauhütte, 5. Jg. (1901), S. 113–114.
14 Friedrich Ostendorf, »Über den Verschluß des Profanfensters im Mittelalter«, in: Zentralblatt der Bauverwaltung, 21. Jg. (1901), S. 177–180 und 187–207.
15 Geheimes Staatsarchiv Danzig, 988/358, S. 100–101.
16 »Der zweite Wettbewerb um Entwürfe zum neuen Rathaus in Dresden«, in: Zentralblatt der Bauverwaltung, 23. Jg. (1903), S. 371–374 und 384–388.
17 Geheimes Staatsarchiv Danzig, 988/358, S. 125.
18 Geheimes Staatsarchiv Preußischer Kulturbesitz, Berlin, I. Hauptabteilung, Rep. 76 Vb (Kultusministerium) Sekt. 10, Titel III, Nr. 2, Bd. 1, 1898–1908, S. 150.
19 Geheimes Staatsarchiv Preußischer Kulturbesitz, Berlin, I. Hauptabteilung, Rep. 76 Vb (Kultusministerium) Sekt. 10, Titel III, Nr. 2, Bd. 1, 1898–1908, S. 149.
20 Entwürfe von Studierenden der Königlichen Technischen Hochschule zu Danzig. Angefertigt in den Übungen für mittelalterliche Baukunst unter Leitung von Friedrich Ostendorf, I. Serie (45 Lichtdrucktafeln mit III S. Text), Leipzig 1906.
21 Badisches General-Landesarchiv Karlsruhe, 448/2393, Direktion der Großherzoglichen Badischen Technischen Hochschule Karlsruhe; Unterricht Architektur Bauschule 1841–1939; Die Berufung von Lehrern betreffend 1841–1939.
22 Badisches General-Landesarchiv Karlsruhe, 235/4096, Republik Baden, Ministerium des Kultus und Unterrichts, Technische Hochschule, Dienste (Lehrstühle), Die Professoren an der Architekturabteilung betreffend (1906–1919).
23 Friedrich Ostendorf, Die Geschichte des Dachwerks. Erläutert an einer großen Anzahl mustergültiger alter Konstruktionen, Leipzig 1908.
24 Friedrich Ostendorf, Sechs Bücher vom Bauen. Dritter Band. Die Äussere Erscheinung der mehrräumigen Bauten. Hrsg. und bearb. von Walter Sackur, Berlin 1920, S. 233–239.
25 »Der Wettbewerb um Entwürfe für den Neubau des Rathauses in Deutsch-Wilmersdorf bei Berlin«, in: Der Profanbau, 6. Jg. (1910), S. 567–572 und 587–592.
26 »Bericht über den Wettbewerb in Bremen-Osterholz«, in: Möllers Deutsche Gärtnerzeitung, 25. Jg. (1910), S. 185–192.
27 Elisabeth und Ludolf von Krehl, »Ein Wort dankbarer Erinnerung an Friedrich Ostendorf«, in: Deutsche Bauzeitung, 49. Jg. (1915), S. 567–568.
28 Barbara Auer, Das Physikalische Institut in Heidelberg (Kunsthistorisches Institut der Universität Heidelberg, Veröffentlichungen zur Heidelberger Altstadt, hrsg. von P. A. Riedel, Bd. 20), Heidelberg 1984.
29 »Der Wettbewerb zur Erlangung von Entwürfen für ein Bismarck-National-Denkmal auf der Elisenhöhe bei Bingerbrück«, in: Deutsche Bauzeitung, 44. Jg. (1910), S. 23–24 und 28–30.
30 J. Nesselmann, Das Ostendorfhaus, Karlsruhe 1986.
31 Ludwig Schmieder, »Der Neubau des Dienstgebäudes der Staatsschuldenverwaltung und Landeshauptkasse Karlsruhe in Baden«, in: Deutsche Bauzeitung, 48. Jg. (1914), S. 173–174.
32 Georg Botz (Hrsg.), Die Gartenstadt Karlsruhe, Karlsruhe 1925.
33 Friedrich Ostendorf, »Der Architekt und die Historie«, in: Wochenschrift des Architekten-Vereins zu Berlin, 8. Jg. (1913), S. 104.
34 Friedrich Ostendorf, Sechs Bücher vom Bauen. Theorie des architektonischen Entwerfens. Erster Band. Einführung, Berlin 1913, S. 3.
35 Vom Preußischen Landratsamt zur heutigen Kreisverwaltung. Ein Rückblick auf 175 Jahre Kreisgeschichte in Lippstadt und Soest, Soest 1992.
36 Badisches General-Landesarchiv Karlsruhe (GLA), 235/2361, Personalakte für Friedrich Ostendorf.

Gerhard Kabierske

Ein gebautes Manifest – Das Haus Ostendorf in Karlsruhe

I.

Im August 1914, unmittelbar nach Ausbruch des Ersten Weltkriegs, kamen die Karlsruher Ostendorf-Schüler und -Mitarbeiter zusammen, um sich von ihrem Meister zu verabschieden. Einige von ihnen hielten schon ihre Einberufung in Händen. Friedrich Ostendorf selbst, das große Vorbild, hatte sich als Freiwilliger an die Front gemeldet. Ein letztes Mal saß die Gruppe zusammen, vermutlich vom grassierenden nationalen Überschwang erfasst, aber auch im Bewusstsein, dass die bevorstehende Trennung einen tiefen Lebenseinschnitt bedeuten würde.[1] Denn man gehörte bislang voll Stolz zum inneren Zirkel um den tatkräftigen und charismatischen Lehrer, der einfach und klar sein Bild von der Welt und der richtigen Architektur zeichnete. Und man konnte sich auch ein wenig mit dem Renommee identifizieren, das Ostendorf in den gerade einmal sieben Jahren seit seiner Berufung nach Karlsruhe 1907 erworben hatte. Zu dem Zeitpunkt, als der Krieg ein Weiterarbeiten wie bisher unmöglich machte, stand er auf dem Zenit seiner Karriere als Architekt, Bauforscher und vor allem als Architekturtheoretiker, dessen Maximen dem aktuellen Zeitgeist entgegenkamen und im gesamten deutschsprachigen Raum rezipiert wurden. Er hatte der Karlsruher Architekturschule in kurzer Zeit zu neuer Wirkung verholfen, das erkannten selbst die Kollegen an, die seine Kritik zu spüren bekamen.

Schauplatz jenes letzten Zusammenseins, das denen, die den Krieg überleben sollten, für immer in Erinnerung blieb, war nicht die Hochschule, der Ort von Ostendorfs Lehrtätigkeit, sondern dessen Wohnhaus in der Karlsruher Weberstraße Abb. 1 . 1914 konnte es als Mittelpunkt der Ostendorf'schen Welt gelten: Über die reine Zweckbestimmung als Domizil für sich, seine Frau, die fünf kleinen Kinder sowie sein Architekturbüro hinaus hatte der Bau einen manifesten Charakter. Es war ein Modell im Maßstab 1:1 für die von ihm in Artikeln, in den beiden ersten Teilen sowie im Supplementband der »*Sechs Bücher vom Bauen*« artikulierten Grundsätze einer Architektur, die, anknüpfend an die Tradition der Zeit ›um 1800‹, der als beliebig erachteten Moderne der Jahrhundertwende ein zeitlos gültiges Bild entgegensetzen wollte.[2]

II.

Schon die Wahl des Bauplatzes im Neubauquartier des ›Hardtwald-Stadtteils‹, heute wegen einiger Straßennamen eher als ›Musikerviertel‹ bekannt, zeugt von den Ambitionen, die Ostendorf diesem Projekt beimaß, das mit dem gleichzeitig geplanten Gebäude der Staatsschuldenverwaltung am Schlossplatz sein erstes Bauvorhaben in Karlsruhe überhaupt darstellte. Das nordwestlich der Innenstadt gelegene Viertel wurde seit den 1890er Jahren bebaut Abb. 2 . Großbürgerliche Villen, Hausgruppen und Mehrfamilienhäuser entstanden hier neben repräsentativen öffentlichen Gebäuden. Was den neuen Stadtteil zusammenhielt, war die vorgeschriebene offene bis halboffene Bebauung mit einer für die Zeit ungewöhnlich starken Durchgrünung sowie nicht zuletzt die Tatsache, dass in diesem, vom Volksmund treffend ›Millionenviertel‹ getauften Bereich nahezu alle privaten oder öffentlichen

Neubauten – sogar das gegen den verständlichen Widerstand der Anlieger durchgesetzte Amtsgefängnis – architektonisch von überdurchschnittlicher Qualität waren. Die namhaften Architekten der damals äußerst regen Bauszene der badischen Residenz zwischen Historismus und Jugendstil haben hier ihre Visitenkarten hinterlassen: Josef Durm, Carl Schäfer, Adolf Hanser, Friedrich Ratzel, Heinrich Sexauer, Robert Curjel und Karl Moser sowie Hermann Billing und Wilhelm Vittali. Bemerkenswert ist, dass es gerade den jüngeren Kollegen unter ihnen ein besonderes Anliegen gewesen sein muss, sich trotz der finanziellen Herausforderung in diesem modernen und anspruchsvollen Umfeld selbst ein Haus zu bauen.[3]

Die Weberstraße, eine der radial vom Haydnplatz ausgehenden, ausschließlich mit Wohnbauten gesäumten Straßen, war innerhalb des Stadtteils eine überaus attraktive Adresse: Damals bekannte Persönlichkeiten ließen sich hier zwischen 1901 und 1908 aufwendige Häuser erbauen.[4] Die Straße wurde zu einem lohnenden Ziel für jeden an moderner Baukunst Interessierten, und das keineswegs nur in regionalem Rahmen, waren doch fast alle hier errichteten Gebäude in Fachzeitschriften publiziert worden. 1910 sollte sogar der junge Charles-Edouard Jeanneret, später als Le Corbusier bekannt geworden, den Weg hierher finden. Seine Tagebuchnotizen und Briefe dokumentieren den positiven Eindruck, den die Neubauten des Stadtteils und die aktuelle Architektur in Karlsruhe generell auf ihn machten.[5]

An diesem Ort, hier und nicht anderswo, wollte Ostendorf seine eigenen Vorstellungen umsetzen, sich mit den Fachkollegen messen. Im Dezember 1911 erwarb er den letzten noch freien Bauplatz Weberstraße 5. Er bezahlte allein für den Grund 51.000 Goldmark, eine horrende Summe, wenn man bedenkt, dass wenige Jahre zuvor die äußerst repräsentative Villa von Hermann Billing nicht weit entfernt insgesamt 82.000 Mark gekostet hatte.[6] Und dabei war der Zuschnitt der Parzelle von etwa 800 qm nicht einmal besonders günstig. Ein benachbartes Anwesen an der Maximilianstraße sprang mit einem dreieckigen Grundstückszwickel vor und verhinderte auf der Gartenseite einen geraden Grenzverlauf.

Die Bauakte dokumentiert die für heutige Verhältnisse ungemein schnelle Realisierung des Neubaus.[7] Am 11. Januar 1912 reichte Ostendorf beim Bezirksamt das Gesuch ein. Ohne Abstrich wurde sein Entwurf im Februar genehmigt. Die Erdarbeiten waren zu diesem Zeitpunkt bereits im Gang, und mit Ausnahme eines kurzen Baustopps, den die Behörde erzwang, weil Ostendorf, der auch als Bauleiter auftrat, die notwendige Ausnahmegenehmigung für Maurerarbeiten im Winter versäumt hatte, wuchs das Haus rasant:

Abb. 1 Das Haus Ostendorf in der Weberstraße in einer Aufnahme der 1920er Jahre

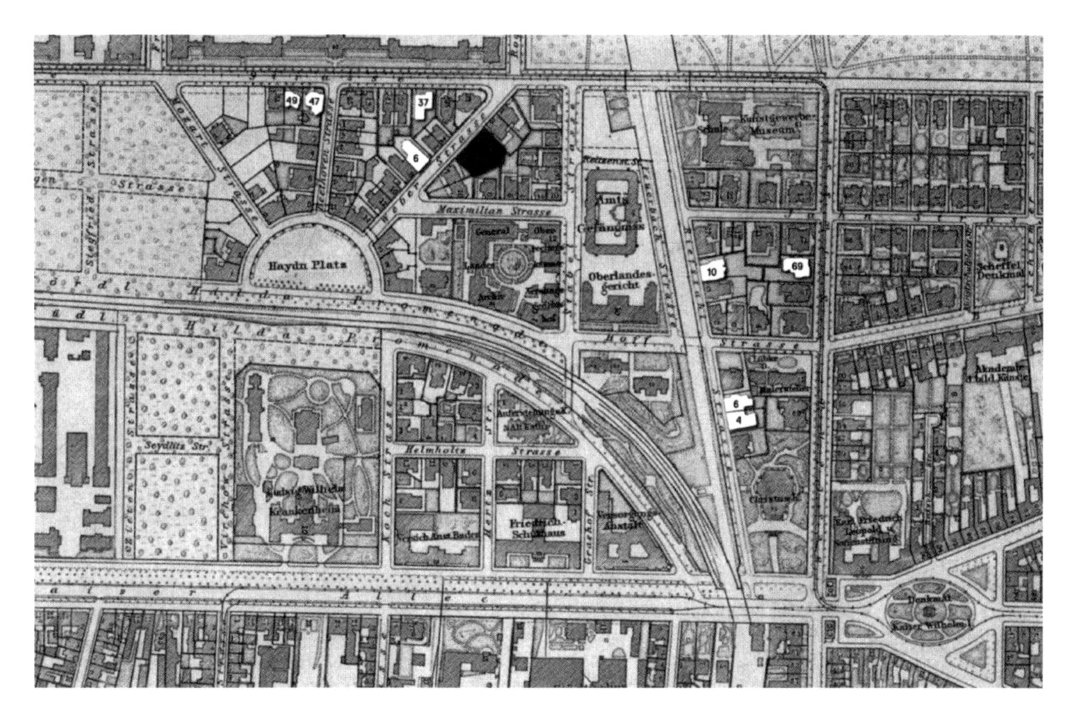

Bereits im Mai war der Rohbau fertig – die Wände aus Ziegelmauerwerk, die Decken in modernster Betonkonstruktion, ausgeführt von der Karlsruher Baufirma Carl Wohlwend. Im Juni wurden die Innenräume verputzt, im September die Fassaden. Die Schlussabnahme erfolgte im Januar 1913, nachdem die Bewohner offenbar bereits vor Weihnachten 1912 eingezogen waren.

Das Haus sorgte für Aufsehen, schon deshalb, weil mancher sich fragte, wie ein 40-jähriger Architekt, der bisher wenig gebaut hatte, sich ein solch teures Anwesen leisten konnte. Auch in der Rückschau von heute müssen wir annehmen, dass Ostendorfs Einkommen als Professor, das er erst seit 1904 bezogen hatte, zur Finanzierung kaum ausgereicht haben dürfte und zusätzlich Familienvermögen im Hintergrund stand.[8] Aber es war natürlich vor allem das Erscheinungsbild, mit dem das Gebäude aus dem Rahmen fiel: In der stadträumlichen Anordnung von Haus und Garten, der Gestaltung der Fassaden wie auch im Hinblick auf die innere Disposition war dieses Haus im ›Hardtwald-Stadtteil‹ ohne Beispiel.

III.

»*Das eigentliche Ziel der Baukunst ist das, Räume zu schaffen*«[9], so lautet der Kernsatz der Lehre, wie sie Ostendorf mit wachsender Distanz zu der von seinem Lehrer Carl Schäfer gepflegten Rezeption des Mittelalters und in Auseinandersetzung mit der barocken und klassizistischen Tradition seiner neuen Wirkungsstätte Karlsruhe seit 1907 entwickelte. Im November 1912, das eigene Haus stand unmittelbar vor der Vollendung, wurden seine Thesen erstmals in einer Artikelreihe des »*Zentralblatts der Bauverwaltung*« veröffentlicht. Außenraum dürfe sich, so seine Forderung, nicht als freie Fläche definieren, in der Gebäude als vielansichtige Körper einen mehr oder weniger aufdringlichen Soloauftritt haben Abb. 3.

Abb. 2 Der »Hardtwald-Stadtteil« im Ausschnitt eines Karlsruher Stadtplans von 1912. Weiß der Bauplatz des Hauses Ostendorf, dunkelgrau markiert eigene Wohnhäuser renommierter Architekten

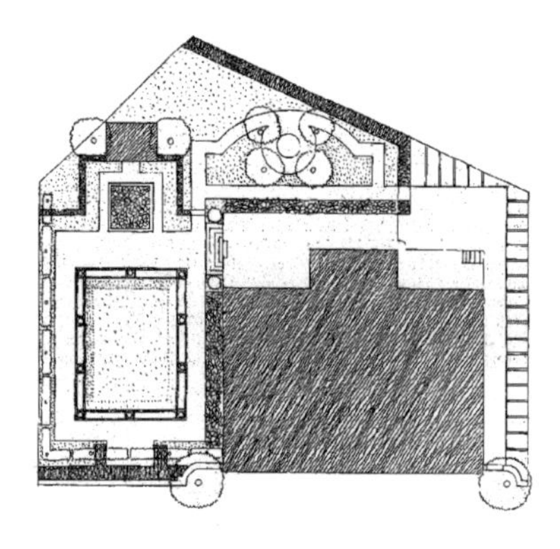

Stattdessen müsse er einen von Wänden umschlossenen, gut proportionierten Platz bilden, quasi einen Salon unter freiem Himmel. Römische Foren, französische Königsplätze, der Markusplatz oder ganz allgemein Planstädte des Barock und Klassizismus dienten dabei als Leitbilder, die dem willkürlich gewachsenen Stadtbild der Gegenwart ein Ideal der Ordnung entgegensetzen sollten.

Das unregelmäßige Grundstück für sein eigenes Bauvorhaben musste den Architekten in dieser Hinsicht besonders herausfordern, zumal er sich auf keinen Fall an den Usus im Hardtwald-Stadtteil halten wollte, das Haus unter Einhaltung von vorgeschriebener Bauflucht und seitlichen Abständen in die Mitte des Grundstücks zu platzieren. Im Regelfall blieben dabei als Freiflächen nur schmale Reststreifen übrig, die trotz einzelner Baumpflanzungen im Bauwich keinerlei Raum-, geschweige denn Aufenthaltsqualitäten boten. Um dem zu entgehen, schob Ostendorf sein Haus mit einfachem rechteckigem Grundriss und einem risalitartigen Anbau auf der Rückseite hart an die südwestliche Grundstücksgrenze Abb. 4. Damit entstand auf der Nordostseite ein größerer Freibereich, der als formaler Garten gestaltet wurde, streng geometrisch von Hecken und geschnittenen Bäumen gerahmt und mit einem vertieften, von Buchskugeln umsäumten Rasenplatz sowie einem Rosenbeet gegliedert. Der rückwärtigen, mit Bäumen bestückten Gartenpartie sowie dem anschließenden Küchenhof kam in erster Linie die Aufgabe zu, Distanz zu den Nachbarn zu schaffen. Eine Terrasse, dem Haus auf der Rückseite vorgelagert, vermittelte über eine seitliche Treppe hinunter in den Gartenraum. Die Vogelperspektive aus den »*Sechs Bücher(n) vom Bauen*«[10], die, wie man noch heute an Ort und Stelle erahnen kann, den ursprünglichen Zustand perspektivisch getreu wiedergibt, zeigt die gewollte Einheit von Architektur und architektonisch geformter Natur: Die Hauptachse des Gartens führte parallel zum Haus von einer Bank in einer Heckennische hinter der Einfriedung an der Weberstraße zu einem Gartenhaus, das von Bäumen hinterfangen wurde.[11]

Selbst auf der Straßenseite vor dem Haus versuchte Ostendorf, Raum zu definieren Abb. 5. Bereits in der Korrespondenz mit der Baubehörde legte er Wert auf die Genehmigung einer Abweichung von den Vorschriften, die er für die Gesamtwirkung als entscheidend erachtete: Durch Zurücksetzung des Hauses um einen Meter hinter die Straßenflucht schuf er eine Art Vorplatz, gleichsam eine schmale Cour d'Hônneur, die das Haus gegenüber der benachbarten Bebauung monumentalisierend heraushebt. Zwei vor dem Haus gepflanzte und dieses flankierende Kastanien verstärken den Platzeffekt, überdies die Einfriedungsmauern, die links und rechts an die Fassade anschließen und über Viertelkreisbögen vorschwingend die Anschlüsse an die vordere Flucht herstellen. Die längere Einfriedungsmauer links des Hauses wurde durch ein Staketengitter aus Schmiedeeisen unterbrochen. Es gewährte den Vorübergehenden auf dem Trottoir der Weber-

Abb. 3 Lageplan des Hauses

straße einen überraschenden Einblick in den ansonsten abgeschirmten Garten – eine Perspektive wie auf eine barocke Bühne, seitlich gefasst von den geschnittenen Hecken hin zum Gartenhaus in der symmetrischen Sichtachse Abb. 6.
Wie wichtig Ostendorf klar begrenzte Außenräume waren, macht auch ein Alternativentwurf deutlich, mit dem er in der Planungsphase Ende 1911 intensiv eine Bebauungsvariante untersuchte.[12] Auch hier liegt das Wohnhaus im südwestlichen Grundstücksbereich. Bei identischer Straßenfront öffnet sich das Gebäude hinten jedoch winkelförmig zu einem in manieristisch-barockem Sinne formal gestalteten Garten Abb. 7. Ausgehend von der Terrasse entwickelt sich parallel zur schrägen hinteren Grundstücksgrenze ein stringent geformter Gartenraum, der unter geschickter Ausnutzung perspektivischer Verkürzung seinen Zielpunkt in einem von Bäumen flankierten Pavillon findet. Doch nicht genug der theatralischen Inszenierung: Ein zweiter in sich geschlossener Heckenraum liegt neben dem Haus, axial über einen zweiten, als Scharnier fungierenden sechseckigen Pavillon mit dem Hauptgarten verbunden. Selbst die letzten Winkel des Grundstücks werden damit in das geometrische Spiel geordneter Räume einbezogen.
Die enge räumliche Beziehung von Haus und Garten, wie sie dieser Entwurf versprach, scheint ihn für Ostendorf zum Favoriten gemacht zu haben. Sein Text zu den Zeichnungen in den »*Sechs Bücher(n)*« lässt dies vermuten.[13] Realisiert werden konnte diese Lösung indes nicht, da dazu die Begradigung der hinteren Grundstücksgrenze mit der Erwerbung des vorspringenden Grundstückzwickels in der Nordostecke notwendig

Abb. 4 Vogelschau auf Haus und Garten

geworden wäre. Der betroffene Nachbar sah dazu allerdings keine Veranlassung, und wahrscheinlich war das auch gut so. Die Gefahr, dem schönen Schein des Plans zu erliegen, war bei der Variante groß. Das, was an differenzierter Raumkunst unter offenem Himmel im riesigen Maßstab bei der seit 1910 von Ostendorf geplanten und bis 1913 ausgeführten Villa Krehl in Heidelberg funktionieren konnte, hätte hier, auf wenige hundert Quadratmeter zusammengedrängt, wohl doch eher kleinteilig bis kleinlich gewirkt.[14]

IV.

Als Ostendorf sein Grundstück erwarb, fand er an der Weberstraße zur Rechten und zur Linken Häuser vor, die als charakteristische Beispiele der Karlsruher Moderne im ersten Jahrzehnt des neuen Jahrhunderts galten. In Bauzeitschriften waren sie mehrfach publiziert worden. Hermann Billing Abb. 8, neben Curjel & Moser Hauptvertreter der badischen Avantgarde der Jahrhundertwende, hatte sie beide erbaut: 1903 das Haus Lang, 1907/08 das Haus Stein-Straus.[15] Sie stehen für die entwerferische Freiheit, welche die progressive Bauszene des ›Jugendstils‹ damals auszeichnete: Häuser als Individuen, additiv gruppiert, in bunter Verwendung unterschiedlichster Materialien, spielerisch in ihrem unbefangenem Umgang mit Bautypen und -traditionen, den gerade überwundenen akademischen Historismus frech herausfordernd. Während sich das Haus des Malers Albert Lang mit steilen Dächern und dem pittoresken Wechsel roter Hausteinverkleidung, heller Putzflächen und grün verschindelter Giebel als Landhaus geriert, gibt sich das Doppelhaus der miteinander verwandten Bankiers Stein und Straus als Palast, dessen Äußeres von einem künstlerischen wie gekünstelten Spiel von Symmetrie und Asymmetrie bestimmt wird. Die mit mächtigen Hausteinquadern verkleidete Fassade ist plastisch einfallsreich gestaltet und wirkt an manchen Stellen wie aus weichem Material modelliert. Traditionelle Gliederungsformen, etwa das Gebälk des Eckvorbaus oder die Kartuschen der Brüstungsfelder, sind entgegen aller schulmäßigen Ordnung auf phantasievolle Weise verfremdet, akademische Lehren bewusst missachtend. Das Haus Friedrich Ostendorfs – genau zwischen die Häuser Lang und Stein-Straus gesetzt – könnte keinen größeren Kontrast dazu bilden. Von der Freude an gestalterischer Vielfalt, an individuellem Ausdruck und Verfremdung ist hier nichts mehr zu spüren. Im Gegenteil: Hier hat alles seine Ordnung, im wörtlichen Sinn. Schon der Umriss scheint im Vergleich zu der unregelmäßigen Architektur der Nachbarschaft einfach ruhig und klar und auf einen Blick ablesbar. Der geschlossene Baukörper mit seinen beiden Geschossen und dem bekrönenden Mansarddach ist zur Straßenfront hin streng symmetrisch gegliedert. Das mittig liegende Portal wird besonders betont durch das eigentliche Hauptmotiv, jene beiden monumentalen, in eine Nische eingestellten und bis zur Traufe reichenden ionischen Säulen, die im Obergeschoss einen Balkon rahmen, der sich jedoch hinter die Fassadenflucht zurücknimmt, um ja nicht zuviel Aufhebens zu machen.

Abb. 5 Perspektive von der Weberstraße

Grundsätzlich anders als bei den Nachbarhäusern ist auch die Wahl des Materials: Die Fassade ist schlicht hell verputzt, ursprünglich kam die glatte Putzoberfläche ohne einen Anstrich aus. Sockel und Fries unter der Traufe, die Säulen und das Portal setzen sich in hellrotem Sandstein mit sandfarbenen Einschlüssen verhalten dagegen ab. Vor allem die Steinrahmung der Fensteröffnungen ist ohne jegliche Profilierung auf das Nötigste reduziert. Plastische Schmuckformen sind nur sparsam auf den Bereich des Hauseingangs konzentriert, was dem Bau seine klassische Würde verleiht.

Die in Ostendorfs Schriften vorgetragene Forderung nach Einfachheit des Erscheinungsbildes, sein zentrales Diktum, Entwerfen sei das Finden der einfachsten Form – hier wird deutlich, was Ostendorf damit meinte. Gerade im Vergleich zu den benachbarten Bauten Billings mit ihrem unbändigen Drang nach artifizieller Gestaltung tritt Ostendorfs formale Zurückhaltung besonders zutage.

Abb. 6 Ansicht des Hauses von der Gartenseite

Abb. 7 Vogelschau der Entwurfsvariante

In den »*Sechs Bücher(n) vom Bauen*« versucht Ostendorf, mittels der aus Paul Schultze-Naumburgs »*Kulturarbeiten*« übernommenen Methode der antithetischen Gegenüberstellung von Bildern – auf der einen Seite das Negativbeispiel, auf der anderen die positive Alternative – seine Thesen darzulegen.[16] Dieses einfache didaktische Verfahren dürfte das Erfolgsgeheimnis der Publikationen überhaupt ausgemacht haben, nicht etwa eine besonders stringente Gedankenführung oder literarische Qualität.[17] Die plakativen Gegenüberstellungen konnten auch Leser erreichen, die Theoretischem eher ablehnend gegenüberstanden. Das Interessante war für sie schlichtweg die Tatsache, dass Werke namhafter zeitgenössischer Architekten an den Pranger gestellt wurden, nicht nur – von der Forschung gerne zitiert – die Berliner Landhäuser von Hermann Muthesius, sondern ebenso Gebäude anderer Protagonisten der Zeit wie Theodor Fischer, Peter Behrens, Martin Dülfer, Richard Riemerschmid oder Emanuel von Seidl, die man aus Veröffentlichungen kannte. Auch Karlsruher Architekten entgingen Ostendorfs Strafgericht nicht: Neben dem genannten Hermann Billing, der immerhin unmittelbarer Professorenkollege in der Architekturabteilung derselben Hochschule war, gehörte dazu auch das renommierte Büro Curjel & Moser. Ihr Haus

Weill von 1904 in der Maximilianstraße, das englisch beeinflusste Landhausideen gekonnt in die Stadt verpflanzt hatte, wurde von Ostendorf zeichnerisch durch ein ›besseres‹ Gebäude ersetzt, das ganz offensichtlich an die Tradition der Karlsruher Modellhausbebauung mit ihren langen einheitlichen Zeilen anknüpfen will Abb. 9 .[18] Ostendorfs neuer Stil mit seiner Abkehr vom Mittelalter, wie er sich seit 1909 artikulierte, war mit einer direkten Rezeption der bürgerlichen Baukunst des Spätbarocks und Klassizismus verbunden. In ihr sah er nun, wie er betonte, die letzte Phase einer positiven Baukultur vor dem erschreckenden Niedergang im 19. Jahrhundert. An diese letzte fruchtbare Periode der Bautradition galt es für ihn anzuknüpfen. In Karlsruhe machte das Zurück zur Architektur »*um 1800*«, wie die Bewegung nach dem zu jener Zeit weit verbreiteten Buch von Paul Mebes hieß,[19] besonderen Sinn, war diese Phase der Bauentwicklung der jungen Planstadtgründung doch zweifellos die eigenständigste und bedeutendste. Heimat- und Denkmalschutz, um 1910 im gesellschaftlichen Diskurs des reformorientierten wilhelminischen Bürgertums im Aufwind, gingen hier mit den neuesten Architekturtendenzen einer ›Rückkehr zur Ordnung‹ eine produktive Allianz ein, und es verwundert nicht, dass es Ostendorf war, dem man vor diesem Hintergrund nicht nur den Wiederaufbau der Kuppelkirche von St. Blasien, sondern auch den Bau der Staatsschuldenverwaltung am Schlossplatz übertrug, beides Aufgaben, die sich mit historischer Substanz oder historischer Umgebung der zweiten Hälfte des 18. Jahrhunderts auseinandersetzen mussten.

In der Weberstraße erinnert das schiefergedeckte Mansarddach an eine das Karlsruher Stadtbild im 18. Jahrhundert prägende Bauform. Die einzigen Schmuckteile des Hauses, die sorgfältig ausgearbeiteten ionischen Kapitelle der beiden Säulen und das Relief mit den symmetrischen Akanthusranken über der Haustür, sind dagegen eine Hommage an den Genius Loci von Karlsruhe und die Blütezeit der lokalen Baukultur unter Friedrich Weinbrenner und seinen Schülern. Ganz ähnliche Kapitelle fanden sich an Rathaus und St. Stephan, vergleichbare Ornamentik an den Seitenfronten der Evangelischen Stadtkirche oder an der Fassade des Meyerhuber'schen Hauses an der westlichen Kaiserstraße. Das Weinbrenner rezipierende Relief an der zentralen Stelle der Fassade sollte aber sicherlich auch einen direkten Bezug zur Person des Bauherrn herstellen, der sich in seinem Selbstverständnis als Baumeister, Lehrer und Publizist mit dem Leben und Werk des großen deutschen Klassizisten verbunden fühlte und dessen lange verschmähtes Erbe wiederzubeleben suchte.

V.

Tritt man durch das Portal ins Innere des Ostendorf-Hauses, so überrascht der Zuschnitt der Räumlichkeiten Abb. 10 . Die Symmetrie des Äußeren wird vom Grundriss nicht aufgenommen, nicht einmal die Hauptachse des Baues vom Portal bis zum Mittelrisalit der Gartenseite ist im Innern nachvollzogen. Die Räume wirken innerhalb des vorgegebenen Rahmens der Außenwände wie verschachtelt, wobei es den Architekten anscheinend nicht störte, dass Inneres und Äußeres nicht miteinander korrespondieren und Restvolumen übrig bleiben, die als Toiletten, Garderoben oder Wandschränke genutzt werden. Dies wird besonders ersichtlich hinter der Säulennische der Hauptfassade, wo eine komplexe Verschränkung von Räumen stattfindet, die keinen axialen Bezug zur Hausfront aufnehmen. Dies wurde Ostendorf später immer wieder vorgeworfen.[20] Bei näherem Hinschauen erweist sich die Disposition allerdings alles andere als willkürlich, gehorcht die Anordnung der Räume zueinander doch offensichtlich funktionalen Überlegungen: Im Erdgeschoss links das Büro mit einer Raumabfolge, die – wenig verwunderlich bei Ostendorfs wissenschaftlichem Selbstverständnis – in der Bibliothek im Zentrum der Gartenfront kulminiert, während rechts – verbunden durch den quer liegenden Vorplatz – Küche und Speisezimmer angeordnet sind. Das Obergeschoss beherbergt die eigentlichen Wohnräume, das ausgebaute Mansardengeschoss darüber die Kinder- und Dienstbotenzimmer. Zwei Treppen sorgen für die vertikale Erschließung: die repräsentative Hauptstiege vom Erd- ins Obergeschoss, deren Rundung ins massive Mauerwerk der Außenwand eingeschnitten scheint, sowie eine separate Nebentreppe, die einen eigenen Eingang von der südwestlichen Hausseite her besitzt und bis ins Dach führt.

Sucht man nach Vorbildern für eine derartige Binnenstruktur, so zeigt sich Ostendorf auch hier dem 18. Jahrhundert verpflichtet, stand doch ganz unmittelbar die traditionelle Grundrisskunst des Pariser Hôtel Particulier Pate, wie sie in den Traktaten von François Blondel formuliert wird, ein Autor, den Ostendorf in Lehre und Schrift immer wieder heranzog[21]. Er bleibt damit auch hier seiner Definition von Architektur als Abfolge geschlossener Räume treu, wobei er Räume, ob außen oder innen, als in sich ruhende Einheiten versteht, die unterschiedlich gestaltet sein können und über komplexe Achsenbeziehungen miteinander kommunizieren. Weit entfernt ist er dabei sowohl vom Leitbild des Historismus mit seinen aus dem Schlossbau entliehenen, möglichst langen Raumenfiladen als auch von dem um die Jahrhundertwende aktuellen Schema des englischen Landhauses mit seiner additiven Grundrissstruktur in einem – wie damals gerne formuliert – ›von innen nach außen‹ entwickelten Baukörper.

Die Räume selbst erhielten je nach Funktion mehr oder weniger aufwendige Ausstattungen, deren Formensprache sich wie das Äußere vornehmlich aus einer geschmackvollen Melange von Elementen des 18. und frühen 19. Jahrhunderts speist. So findet man beispielsweise an der Decke der Wohndiele im Obergeschoss Abb. 11 Stuck der Art vor 1750, am Geländer der Haupttreppe typische Louis-Seize-Motive oder im Speisezimmer Verkleidungen von Fensternischen, wie sie das Empire und die Schinkel-Zeit kennt. Bei aller Distanz Ostendorfs gegenüber modischer Raumkunst des Jugendstils mag man angesichts der Wandvertäferung der Wohndiele mit ihrer Addition von gleichartigen rechteckigen Füllungen aber durchaus auch ein Echo des geometrischen Sezessionismus schottischer oder Wiener Prägung erkennen, wie er in Karlsruhe seit 1903 gerade von Curjel & Moser gepflegt worden war.

VI.

Ostendorfs Wohnhaus wollte 1913 als bauliches Manifest verstanden werden. Es stand jedoch kei-

Abb. 8 Doppelhaus Stein-Straus, erbaut 1907/08 von Hermann Billing, das in der Weberstraße angrenzende Gebäude

neswegs isoliert in der Architekturentwicklung seiner Zeit. Seit Jahren war generell eine Tendenz zur »*Vereinfachung*« in der Architektur festzustellen, wie Julius Posener das Phänomen im Zusammenhang mit der Berliner Szene benannte.[22] Auch in Baden ist diese Entwicklung bereits im ersten Jahrzehnt des neuen Jahrhunderts festzustellen, wo sich die bunte Formenvielfalt der Avantgardisten Billing und Moser zunehmend straffte, um schließlich in einen kühlen Neoklassizismus zu münden.[23] Eine Schlüsselrolle bei diesem Wandel hin zu einem ruhigeren Erscheinungsbild kommt dabei zweifellos Max Laeuger zu, 1907 einer der Gründerväter des Deutschen Werkbundes. Von der englischen Arts-and-Crafts-Bewegung sowie vom Sezessionismus Wiener Prägung beeinflusst, war er spätestens seit seiner Beteiligung auf der Pariser Weltausstellung 1900 als Keramiker und Innenraumkünstler international bekannt. Als Zeichenlehrer für Architekturstudenten an der Technischen Hochschule Karlsruhe kam er danach mehr und mehr mit Fragen des Bauens in Kontakt. Schon bei seinen ersten Schritten als Gartengestalter und Architekt auf der großen Jubiläumsausstellung in Mannheim 1907 sorgte er mit seinen damals noch ungewohnt regelmäßigen Sondergärten und schlichtesten Putzarchitekturen für Aufsehen. Aufträge für das Landhaus Kareol im niederländischen Aerdenhout und das Haus Albert in Wiesbaden folgten bis 1910, beide verbunden mit Gartenanlagen von strenger architektonischer Wirkung und enger räumlicher Verbindung mit Gebäuden. Der in seiner Geltung als impulsgebender Architekt einer neuen Einfachheit von der Forschung bislang noch nicht adäquat gewürdigte Laeuger war es, der Ostendorfs architektonische Neuorientierung ab 1907 maßgeblich beeinflusst hat.[24] Die persönlichen Beziehungen zwischen den beiden waren eng – nicht nur beruflich als Professoren an der Karlsruher Hochschule, wo man gemeinsam Exkursionen mit Studenten unternahm, sondern auch privat. Ostendorf war Pate von Laeugers Sohn, und er hat den ersten Band seiner »*Sechs Bücher*« Max Laeuger gewidmet. Überliefert ist, dass Ostendorf zusammen mit Laeuger den Rohbau des Hauses Albert besichtigt und sich seinem Freund gegenüber

Abb. 12

Abb. 9 Haus Weill, errichtet 1903/04 von Curjel & Moser auf dem an den Garten des Hauses Ostendorf angrenzenden Grundstück Maximilianstraße 4. Von Ostendorf als Negativbeispiel publiziert und einem korrigierten Entwurf gegenübergestellt

anerkennend geäußert hat, und das zu einem Zeitpunkt, als der bisherige Neogotiker mit ersten Entwürfen im ›Stil um 1800‹ auf der Suche nach einer eigenen neuen Formensprache war.[25]
Es ist charakteristisch, dass Ostendorf als Kritiker der modischen Architekturszene sich im Gegensatz zu seinen Berufskollegen offensichtlich nicht um eine möglichst breite Publikation seines Hauses in Bauzeitungen bemühte. Das Schlüsselwerk wurde lediglich im Jahrgang 1914 der renommierten Tafelsammlung »*Die Architektur des XX. Jahrhunderts*« veröffentlicht.[26] Eine Breitenwirkung sollte das Gebäude dennoch erreichen, wurde doch eine Vielzahl von eindrücklichen, von den Schülern und Mitarbeitern Karl Gruber, Max Philipp und Hans Detlev Rösiger angefertigten Zeichnungen in den »*Sechs Bücher(n) vom Bauen*« verwendet. Ohne Angabe von Ort und Entstehungsumständen, quasi in eine ideale Sphäre gerückt, dienen sie hier der Illustration von Ostendorfs Thesen einer neuen Architektur, die zeitlos klassisch und frei von kurzlebigen Modeströmungen sein sollte.[27]
In den wenigen Monaten, die ihm zwischen der Veröffentlichung der ersten Bände der »*Sechs Bücher*« und seinem frühen Tod im März 1915 auf dem Schlachtfeld in Nordfrankreich blieben, erlebte Ostendorf noch das erste große Echo auf sein Gedankengebäude. Nach seinem ›Heldentod‹ sollte den mehrfach neu aufgelegten oder von Walter Sackur aus dem Nachlass herausgegebenen Schriften sogar der Charakter eines Vermächtnisses zuwachsen, von dem noch starke Impulse ausgingen, zumal Ostendorfs Diktum von der Suche nach der einfachsten Form Antwort auf Fragen des Bauens unter den veränderten wirtschaftlichen Bedingungen der Nachkriegszeit zu geben schien. Bis zum Ende der zwanziger Jahre blieb Ostendorfs Ansatz lebendig, wann immer im deutschsprachigen Bereich neoklassizistisch entworfen oder über Neoklassizismus gesprochen wurde – besonders in Karlsruhe und Baden: Der architektonische Expressionismus, der eine im Jugendstil wurzelnde Gegenposition

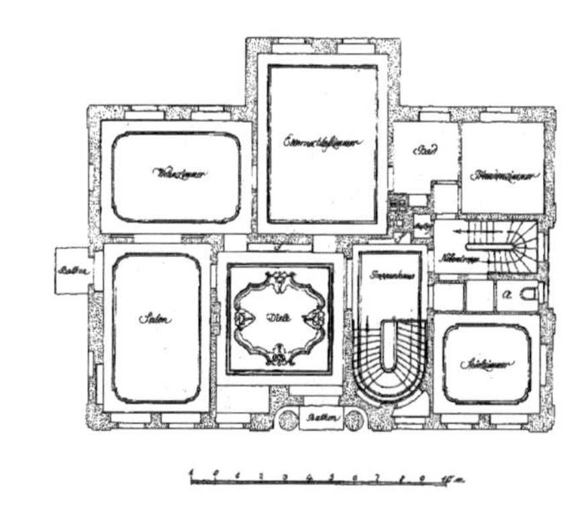

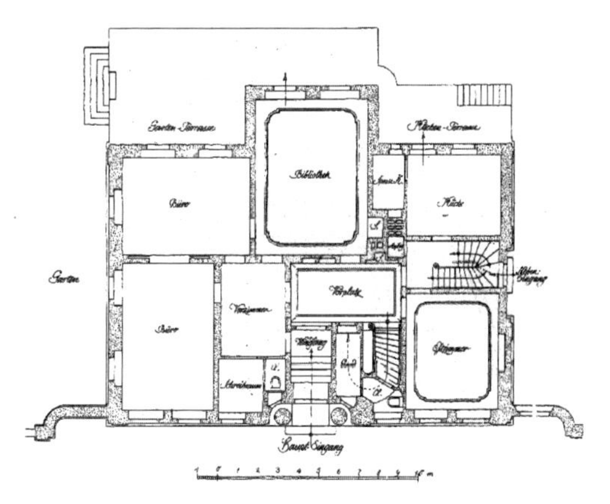

Abb. 10 Grundrisse des Erd- und Obergeschosses

Abb. 11 Perspektive der Diele im Obergeschoss

bedeutete, konnte hier in Ostendorfs langem Schatten genauso wenig gedeihen wie anfangs das Neue Bauen. Erst die von Seiten der Kommunalverwaltung unter Baubürgermeister Hermann Schneider initiierte Dammerstock-Siedlung von 1929 setzte schließlich neue Maßstäbe durch Architekten, die in erster Linie von außerhalb geholt und unter die Oberleitung von Walter Gropius gestellt wurden.

VII.

Anders als es sich Friedrich Ostendorf vermutlich gedacht hatte, blieb sein Haus nicht lange das Refugium der Familie. Sein Tod an der Front hatte auch für die Nachkommen Folgen. Noch während des Weltkriegs verkaufte seine Witwe Joaquina das Anwesen und ging mit den Kindern zurück nach Lima, der Hauptstadt Perus, wo sie als Tochter eines deutschstämmigen Kaufmanns aufgewachsen war.

Der neue Eigentümer – ein Privatier, Gutsbesitzer und argentinischer Vizekonsul – ließ für seine Zwecke die Küche auf der Gartenseite durch einen eingeschossigen Anbau erweitern, der im Obergeschoss zudem eine Terrasse und einen kleinen Wintergarten trägt.[28] Die vorhandene Formensprache wurde dabei respektiert, die neue Asymmetrie gab der Gartenfassade allerdings einen gewissen ›landhausartigen‹ Zug, der den ursprünglichen Ostendorf'schen Intentionen eigentlich fremd ist.

Die Bombenangriffe des Zweiten Weltkriegs, denen nicht weit entfernt wertvolle Gebäude von Billing und Curjel & Moser zum Opfer fielen, hinterließen am Haus Ostendorf glücklicherweise keine gravierenden Schäden. In der Nachkriegszeit folgten turbulente Jahre. Von den alliierten Behörden beschlagnahmt, residierte hier der amerikanische Stadtkommandant, während das Haus Stein-Straus nebenan zum Offiziersclub umfunktioniert wurde. Für die Beschlagnahme des Ostendorf-Hauses durch den Stadtkommandanten wird nicht nur die Lage, der großzügige Zuschnitt und der relativ gute Zustand verantwortlich gewesen sein. Den Militärs dürfte auch der Stil zugesagt haben, der sie an den Neoklassizismus der offiziellen US-Architektur der ersten Jahrzehnte des 20. Jahrhunderts in ihrer Heimat jenseits des Atlantiks erinnern konnte.

Nach Freigabe der Immobilie in den fünfziger Jahren wollte niemand mehr ein solches Objekt als Einfamilienhaus bewohnen. 1956 erwarb es die Physikalische Studiengesellschaft, die hier die im Aufbau befindliche Verwaltung des gerade gegründeten Kernforschungszentrums im Hardtwald bei Karlsruhe unterbrachte. Mit der Errichtung einer Garagenhalle, für die nicht nur Teile des Gartens, sondern auch das markante Staketengitter an der Weberstraße verschwinden musste, erfolgte ein Eingriff, der seitdem die ehemals so ausgewogenen Raumverhältnisse zwischen Haus und Garten tiefgreifend stört. Mit dem Abriss des lange vernachlässigten und wegen der Garagen von der Straße her nicht mehr einsehbaren Gartenhauses Anfang der siebziger Jahre wurde diese negative Entwicklung im Außenbereich leider fortgesetzt. Auch die durchaus ambitionierte Neugestaltung durch den Karlsruher

Abb. 12 Haus Albert in Wiesbaden, erbaut 1909/10 von Max Laeuger

Gartenarchitekten Karl Bauer vor einigen Jahren konnte dieses Manko nicht wettmachen. Es wurde die in diesem speziellen Fall einzig richtige Lösung versäumt – die Wiederherstellung des originalen Zustandes.
Auch am Gebäude selbst erfolgten Einschnitte. Nachdem die Verwaltung des Kernforschungszentrums das Haus verlassen hatte, wurde von 1977 an das Erdgeschoss für Konferenzen, das Obergeschoss als Wohnung für Vorstandsmitglieder genutzt. Erich Schelling, Hausarchitekt des Zentrums, der bereits die Garagen erstellt hatte, leitete damals die Umbauarbeiten, bei denen Zwischenwände entfernt oder durchbrochen wurden, um für die neuen Nutzungen größere Raumeinheiten zu schaffen. Obwohl die 1986 vom Kernforschungszentrum selbst herausgegebene Broschüre an die Geschichte des Hauses erinnerte, wurden noch in den neunziger Jahren und offenbar mit Billigung der Denkmalpflege die einmaligen, durchaus reparierbaren Vertikalschiebefenster mit Kippmechanismus, letzte Beispiele dieser in England, Holland und Norddeutschland beheimateten, in Karlsruhe sehr raren Gattung, durch normale Drehflügelfenster ersetzt. Sie nehmen zwar die alte Teilung auf, ein Vergleich zwischen dem ursprünglichen Erscheinungsbild und dem heutigen macht jedoch nur zu deutlich, was bei der Austauschaktion an Gestaltqualität verloren ging.
Heute präsentiert sich das Haus, inzwischen ausschließlich als repräsentative Tagungsstätte des Forschungszentrums Karlsruhe genutzt, trotz der genannten Wunden in einem äußerst gepflegten Zustand. Die ursprüngliche Struktur im Inneren ist noch nachvollziehbar, wie etwa bei der Diele im Obergeschoss, obwohl einzelne Türen vermauert und an anderer Stelle Durchbrüche geschaffen wurden. Auch sonst finden sich noch originale Fußböden, Stuckdecken, Einbauschränke, Heizkörperverkleidungen, Holzvertäfelungen und Türblätter bis hin zu den fast überall erhaltenen originellen Türgriffen. Ziel für die Zukunft müsste es sein, die Substanz zu bewahren und – wenn es kommende Nutzungsänderungen erlauben – Eingriffe auch rückzubauen, handelt es sich doch um ein hervorragendes Kulturdenkmal, das weit über Karlsruhe hinaus eine architekturhistorische Bedeutung hat.

Anmerkungen

1 Der Architekt Günther Seemann (1915–2001) in Ettlingen, Stiefsohn des Ostendorf-Schülers und -Assistenten Hans Detlev Rösiger, berichtete dem Verfasser in einem Gespräch 1999, wie dieses »letzte Treffen« im Rückblick von Rösiger und den aus dem Krieg zurückgekehrten Ostendorf-Jüngern geradezu mythisch verklärt wurde. Ein gutes Stimmungsbild von den engen Schüler-Lehrer-Beziehungen der Zeit gibt Karl Gruber in seinem Aufsatz »Friedrich Ostendorf, Karl Weber und die Schäferschule im Wandel der Generationen«, in: Ruperto-Carola, Mitteilungen der Vereinigung der Freunde der Studentenschaft der Universität Heidelberg, 13. Jg. (1961), Bd. 29, S. 124–149.

2 Eine umfassende wissenschaftliche Beschäftigung mit dem Haus Ostendorf steht bislang aus, obwohl der Bau in architekturinteressierten Kreisen in Karlsruhe durchaus ein Begriff ist. J. Nesselmann hat als Mitarbeiter des Kernforschungszentrums Karlsruhe, dem damaligen Eigentümer, in den 1980er Jahren die Geschichte anhand der erhaltenen Bauakten recherchiert und als Quellensammlung publiziert. Vgl. Das Ostendorf-Haus. Die Geschichte eines Anwesens des Kernforschungszentrums Karlsruhe, Hrsg. vom Kernforschungszentrum Karlsruhe GmbH, Karlsruhe 1986. Julia Hauch geht in ihrer ungedruckten Dissertation nur kurz auf das Haus ein. Vgl. Julia Hauch, Friedrich Ostendorf (1871–1915). Architektonisches Werk, architekturgeschichtliche und theoretische Schriften. Dissertation Johannes-Gutenberg-Universität Mainz 1995, S. 129–131, 262, Kat.-Nr. 23.

3 Zum Hardtwaldstadtteil vgl. Konrad Krimm, »Villenbau im Karlsruher Westend«, in: Curjel & Moser. Städtebauliche Aspekte um 1900 in Karlsruhe. Ausst.-Kat. Badischer Kunstverein Karlsruhe. Karlsruhe 1987, S. 74–100. Bewohner eigener Häuser waren die Architekten Robert Curjel und Karl Moser (Riefstahlstraße 4/5), Friedrich Ratzel (Moltkestraße 37), Heinrich Sexauer (Haydnplatz 6), Herman Billing (Moltkestraße 47), Wilhelm Vittali (Moltkestraße 49), Hermann Levy (Reinhold-Frank-Straße 69), Eugen Beck (Weberstraße 6), Max Hummel (Riefstahlstraße 10).

4 Etwa die Bankdirektoren Nathan Stein und Moritz Straus (Weberstraße 1/3), der Münchner Kunstmaler Albert Lang (Weberstraße 7), der Hauptmann Otto Bahls (Moltkestraße 33 Ecke Weberstraße), der Bauingenieurprofessor Theodor Rehbock (Weberstraße 4) oder der Architekturprofessor Eugen Beck (Weberstraße 6).

5 Le Corbusier besuchte am 8. April 1910 Karlsruhe. Ein Brief an seine Eltern in La-Chaux-de-Fonds überliefert seine Begeisterung für die Lutherkirche von Curjel & Moser, die Baischstraße Hermann Billings sowie ein nahes »Viertel mit Villen«, ganz offensichtlich der Hardtwaldstadtteil, wo ihm zwei nicht zu identifizierende Häuser besonders gefallen haben. Vgl. Giuliano Gresleri, Le Corbusier. Reise nach dem Orient, Zürich 1991, S. 395.

6 Vgl. Das Ostendorf-Haus, 1986 (wie Anm. 2), S. 6 und 7. Die Baukosten von Hermann Billings Villa Moltkestraße 47 laut Angabe in Die Architektur des XX. Jahrhunderts, 10. Jg. (1910), S. 7.

7 Bauakte im Bauordnungsamt Karlsruhe. Der Schriftwechsel und die zur Genehmigung eingereichten Pläne sind teilweise reproduziert in Das Ostendorf-Haus, 1986 (wie Anm. 2).

8 Frau Gertrud Baukal, Arnsberg, eine Nichte Friedrich Ostendorfs, bestätigt die Annahme, dass Gelder der Eltern von Friedrich Ostendorf bzw. seiner Frau Joaquina den Hausbau erst möglich machten. Beide Familien waren zudem verwandtschaftlich verbunden, da Ostendorf eine Cousine geheiratet hatte.

9 Als jeweils erster Satz nimmt dieses Postulat sowohl in der frühesten theoretischen Publikation im Zentralblatt der Bauverwaltung, 32. Jg. (1912), Nr. 91, S. 593 wie auch in der ersten Buchveröffentlichung seiner Thesen eine Schlüsselrolle ein. Vgl. Friedrich Ostendorf, Theorie des architektonischen Entwerfens. Erster Band. Einführung, Berlin 1913, S. 1.

10 Vgl. Friedrich Ostendorf, Sechs Bücher vom Bauen, Erster Band, Einführung, 4. Aufl. Berlin 1922, Abb. 72; Friedrich Ostendorf, Haus und Garten. Erster Supplementband zu den Sechs Büchern vom Bauen, Berlin 1914, S. 394.

11 Vgl. Ostendorf, Haus und Garten, 1914 (wie Anm. 10), Abb. 395 und 396.

12 Vgl. Osterndorf, Sechs Bücher vom Bauen. Erster Band, 1922 (wie Anm. 10), Abb. 73 und 74; Ostendorf, Haus und Garten, 1914 (wie Anm. 10), Abb. 100 und 101.

13 Ostendorf, Sechs Bücher vom Bauen. Erster Band, 1922 (wie Anm. 10), S. 93. Die Innenräume des Hauses hätten dabei idealerweise in den Außenräumen des Gartens ihre Fortsetzung gefunden und wären »damit auch in den Bann eines einheitlichen Komplexes von räumlichen Vorstellungen getreten«.

14 Zu Ostendorfs Villa Krehl vgl. den Beitrag von Clemens Kieser in diesem Band.

15 Vgl. Gerhard Kabierske, Der Architekt Hermann Billing (1867–1946). Leben und Werk (Institut für Baugeschichte und Südwestdeutsches Archiv für Architektur und Ingenieurbau, Materialien zu Bauforschung und Baugeschichte, Bd. 7), Karlsruhe 1996, S. 189–190 und 232–233; Hermann Billing. Architekt zwischen Historismus, Jugendstil und Neuem Bauen, Ausst.-Kat. Städtische Galerie Karlsruhe, Südwestdeutsches Archiv für Architektur und Ingenieurbau an der Universität Karlsruhe und Architekturmuseum der TU München 1997, S. 166–168 und 195–198.

16 Zu Paul Schultze-Naumburgs Publikationen, die zwischen 1901 und dem Ersten Weltkrieg erschienen und eine große Breitenwirkung erzielten, vgl. »Kulturarbeiten«, in: Julius Posener, Berlin auf dem Wege zu einer neuen Architektur. Das Zeitalter Wilhelms II. (Studien zur Kunst des 19. Jahrhunderts, Bd. 40), München 1979, S. 191–222.

17 Beides wurde in Besprechungen damals eher kritisch hinterfragt. Vgl. die Darstellung der Rezeption der theoretischen Schriften in der Dissertation von Julia Hauch, 1995 (wie Anm. 2).

18 Vgl. Ostendorf, Haus und Garten, 1914 (wie Anm. 10), S. 410–411. Die Kritik am Haus Weill sollte vermutlich auch den Eigentümer und Bauherrn selbst treffen, dessen Anwesen unmittelbar an den Ostendorf'schen Garten grenzte. Denn der damals bekannte Rechtsanwalt und Stadtrat Friedrich Weill war es gewesen, der Ostendorf den Kauf eines Teils seines Grundes verweigert und damit die Ausführung der Entwurfsvariante mit größerem Garten unmöglich gemacht hatte.

19 Vgl. Paul Mebes, Um 1800. Architektur und Handwerk im letzten

Jahrhundert ihrer traditionellen Entwicklung, München 1908.

20 Sogar Ostendorfs Meisterschüler Hans Detlev Rösiger sieht aus dem Blickwinkel des Jahres 1926 die Diskrepanz zwischen innen und außen als nicht gelösten Widerspruch, und auch Julius Posener beurteilt 1979 die Rezeption der französischen »Distribution« im Sinne Blondels im 20. Jahrhundert für anachronistisch. Vgl. Hans Detlev Rösiger, »Friedrich Ostendorf«, in: Wasmuths Monatshefte für Baukunst, 10. Jg. (1926), S. 281–291; Julius Posener, »Friedrich Ostendorf«, in: Berlin auf dem Wege zur einer neuen Architektur. Das Zeitalter Wilhelms II. (Studien zur Kunst im 19. Jahrhundert, Bd. 40), München 1979, S. 175–190.

21 Vgl. im ersten Band der Sechs Bücher vom Bauen, 4. Aufl. 1922 (wie Anm. 10), S. 171–222, das Kapitel VIII »Die Innenräume des Wohnhauses. Die ›Distribution‹ bei den französischen Architekten des 18. Jahrhunderts«.

22 Vgl. Posener 1979 (wie Anm. 20), S. 123–239.

23 Bei Curjel & Moser ist bereits im nicht realisierten Wettbewerbsentwurf für den Karlsruher Hauptbahnhof 1904/05 die neue Hinwendung zu antiker Architektur offensichtlich, während Hermann Billing mit seiner 1906–09 errichteten Kunsthalle in Baden-Baden Friedrich Weinbrenners klassizistischem Konversationshaus seine Reverenz erweist.

24 Eine Einführung in diesen Aspekt des Schaffens von Laeuger bietet die von Rudolf Velhagen und Ulrich Maximilian Schumann herausgegebene Publikation: Max Laeugers Arkadien. Keramik, Garten Bau Kunst, Ausst.-Kat. Museum Langmatt Baden/Schweiz 2007.

25 Vgl. Ulrich Maximilian Schumann, »Max Laeuger und die Erneuerung der Kunst«, in: Jugendstil am Oberrhein. Kunst und Leben ohne Grenzen, Ausst.-Kat. Badisches Landesmuseum Karlsruhe 2009, S. 124–129, hier S. 129.

26 Vgl. Die Architektur des XX. Jahrhunderts, 14. Jg. (1914), Heft 4, S. 50, Taf. 99.

27 Nachdem in der ersten Auflage von 1913 bereits elf Zeichnungen zum Hausinneren publiziert wurden, kamen bei der zweiten Auflage 1914 auch Illustrationen des Äußeren hinzu. Insgesamt lassen sich folgende grafische Darstellungen zum Haus Ostendorf nachweisen: Ostendorf, Sechs Bücher vom Bauen, Erster Band, 2. Auflage Berlin 1914: Abb. 69–75, 122–127 und 132–136; Ostendorf, Haus und Garten, 1914 (wie Anm. 10), Abb. 100–102, 116, 129, 133–134, 141, 145 und 393–396. Die Originale der Illustrationen lassen sich trotz intensiver Recherchen weder bei den Nachkommen von Ostendorf noch in den Nachlässen von Schülern und Kollegen auffinden. Man muss gegenwärtig davon ausgehen, dass sie verloren gegangen sind.

28 Vgl. die Bauakte Weberstraße 5 im Bauordnungsamt Karlsruhe sowie die Dokumentation von J. Nesselmann aus dem Jahr 1986 (s. Anm. 2).

Clemens Kieser

Kunstwerk und Schaustück – Friedrich Ostendorfs Villa Krehl in Heidelberg-Handschuhsheim

Die Villa Krehl in der Bergstraße 106 gehört sicherlich zu den wichtigsten Werken des Architekten Friedrich Ostendorf. Ihre außerordentlich aufwendige und reiche Anlage, die gestalterische Qualität des Parks, mit dem sie als künstlerische Einheit konzipiert ist, und insbesondere auch die repräsentativen und bis heute insgesamt gut erhaltenen Innenräume machen den Baukomplex zu einem kunstgeschichtlich und architekturgeschichtlich herausragenden Kunstwerk Abb. 1 .
Nach dem Denkmalschutzgesetz von Baden-Württemberg handelt es sich um ein Kulturdenkmal von besonderer Bedeutung, also sozusagen um ein Denkmal ›Erster Klasse‹, das dadurch auch einen besonderen materiellen Schutz genießt. Als größte Villa Badens aus den Jahren vor dem Ersten Weltkrieg entstand die Villa Krehl 1910 bis 1913.[1] Für den Heidelberger Klinikdirektor und geadelten Ehrenbürger Professor Ludolf von Krehl konzipierte Friedrich Ostendorf ein grandioses, höchst aufwendiges Anwesen in Hanglage, das über eine außergewöhnliche Gartenanlage mit Grotte, verschiedenen Pavillons und Brunnen verfügte und sehr deutlich an bekannte Vorbilder der Renaissance in Italien anknüpft.
Mit dem Mediziner Ludolf von Krehl und seiner Frau gewann Friedrich Ostendorf für sein komplexes ästhetisches Programm geradezu ideale Auftraggeber. Der über Fachkreise hinaus bekannte Pathologe von Krehl, später ein Vorreiter der sogenannten ›ganzheitlichen Medizin‹, gehörte zu den führenden und angesehensten Wissenschaftlern seiner Zeit und war ein Mediziner mit humanistischen Idealen, seine Frau war von ästhetischer Bildung – und steinreich verwitwet.
Nach zahlreichen Zwischenstationen als Klinikleiter in Jena, Marburg, Greifswald, Tübingen und Straßburg erhielt er 1907 einen Ruf nach Heidelberg, wo er bis 1932 als Professor und Direktor der medizinischen Klinik wirkte. Ludolf von Krehl wurde 1904 geadelt, war Ehrendoktor nahezu sämtlicher Fakultäten, Inhaber des Adlerschildes, Ritter der Friedensklasse des Ordens ›Pour-le-Mérite‹ und Ehrenbürger der Stadt Heidelberg. Aus seiner Schule gingen drei Nobelpreisträger und 13 Professoren hervor. 1910 verhandelte Friedrich Ostendorf also mit dem hochvermögenden ›Halbgott in Weiß‹, der zudem noch einen fulminanten Baugrund in vornehmer Hanglage an der Bergstraße im Heidelberger Ortsteil Handschuhsheim bot.
Die Bauarbeiten begannen am 9. März 1911, und schon zwei Wochen später erhielt Friedrich Ostendorf ebenfalls die seit 1908 ungleich härter umkämpfte Baugenehmigung für das neue Physikalische Institut der Universität. Das aufgrund zahlreicher innerer und äußerer Zwänge oftmals neu zu planende Objekt konnte als zweite Heidelberger Baustelle Ostendorfs im Heidelberger Ortsteil Neuenheim nun ebenfalls begonnen werden. Auch dieser Bau hat sich bis heute erhalten.
Die im Januar 1911 eingereichten Pläne für die

ambitionierte Villa Krehl tragen bezeichnenderweise die Unterschrift der Ehefrau des Medizinerfürsten. Elisabeth von Krehl (1886–1942) hatte zweifelsohne einen großen Einfluss auf die Gestaltung Abb. 2. Als ausgesprochene Pflanzenliebhaberin wirkte sie auf die Gestaltung des Anwesens, insbesondere der grandiosen Gartenanlagen, ein. Im milden Heidelberger Klima schuf sie hier ein kleines Arboretum, dessen exotische Gehölze in weiten Teilen heute noch vorhanden sind.

Mit Elisabeth von Krehl lässt sich auch die Frage nach den immensen Kosten des Villenprojekts beantworten. In erster Ehe war sie bis zu dessen frühen Tod im Jahre 1906 mit Friedrich Koenig verheiratet gewesen, einem deutschstämmigen Nachfahren St. Petersburger Zuckerindustrieller, der ihr mit seinem Ableben ein stattliches Vermögen hinterlassen hatte. Frau von Krehl war also keinesfalls, wie es die Heidelberger Legende wollte, eine russische Prinzessin. Allerdings hatten ihr die Goldrubel aus den riesigen Ländereien in der Ukraine das schlossgleiche Bauprojekt in Heidelberg erst ermöglicht.[2] Auf Elisabeth von Krehls Initiative gehen auch die Planergänzungen um ein Garten- und Chauffeurhaus zurück, geboren aus der Einsicht, dass zur Pflege eines Anwesens solcher Ausmaße eine anhaltende gärtnerische Präsenz unumgänglich sei. Über einem fast quadratischen Grundriss entstand, nicht weit vom Haupthaus entfernt, dieser sehr kubisch wirkende Bau Abb. 3. Ebenfalls aus gärtnerischen Überlegungen heraus folgte im Juni 1911 ein Bauantrag für ein Treibhaus mit einem ganzen Feld von kleineren Treibkästen und einen kleinen Geräteschuppen. Im November des Jahres 1911 wurde noch zusätzlich, quasi als abschließende ›maison de plaisance‹, ein kreisrundes Teehäuschen mit Glockendach genehmigt Abb. 4. Hoch oben am Hang über dem Haupthaus der Villa gelegen, gewährt es einen herrlichen Ausblick über die Weite der Rheinebene.

Aus statischen Gründen musste Ostendorf die große, aufwendig zu terrassierende Gartenanlage durch voluminöse Substruktionen absichern. Diesen Baumaßnahmen ging die genaue Vermessung des 240 m langen Grundstücks voran, das bei rund 25 Prozent Gefälle insgesamt um 63 m anstieg. Mitte Juli begann man mit der Arbeit am Haupthaus, dessen Innenkonstruktion über Stahlbetondecken verfügte, was damals durchaus noch nicht allgemeiner Stand der Bautechnik war. Die vornehme, baulich aber höchst schwierige Hanglage erforderte jene schweren und teuren Unterbauten, die der Architekt vor den zwei kurzen Gebäudeflügeln kurzerhand zu einer Art Ehrenhof formte, von dem das Haupthaus wie durch einen Stollen betreten werden kann.

Die topographische Situation am Fuß eines großen Hanggrundstücks bestimmt die räumliche Anlage und die ungewöhnliche Organisation der Villa Krehl. Über geschosshohen Substruktionen erhebt sich der große, zweigeschossige Baukörper mit seinem hohen Walmdach. Die Terrassen mit ihren Stützmauern, die dem Haupthaus zur Straße hin vorgelagert sind, treten vor der Fassadenmitte zurück und bilden die Rahmung für einen kleinen Vorplatz. Hier öffnet sich – der Mittelachse des Baus vorgelagert – der Hauptzugang zum Haus: Die nackten Wände des Vorplatzes und die rustizierte Rahmung des Eingangs lassen indessen eher an ein Stollenmundloch als an einen repräsentativen Villeneingang denken Abb. 5. Ein Eindruck, der durch den monumentalen, aber strengen und lichtarmen Aufgang im Inneren unterstrichen wird, der sich in einem ovalen Schacht zum Hauptgeschoss emporwindet. Der Außenbau wird – im Kontrast zu den noch wenige Jahre

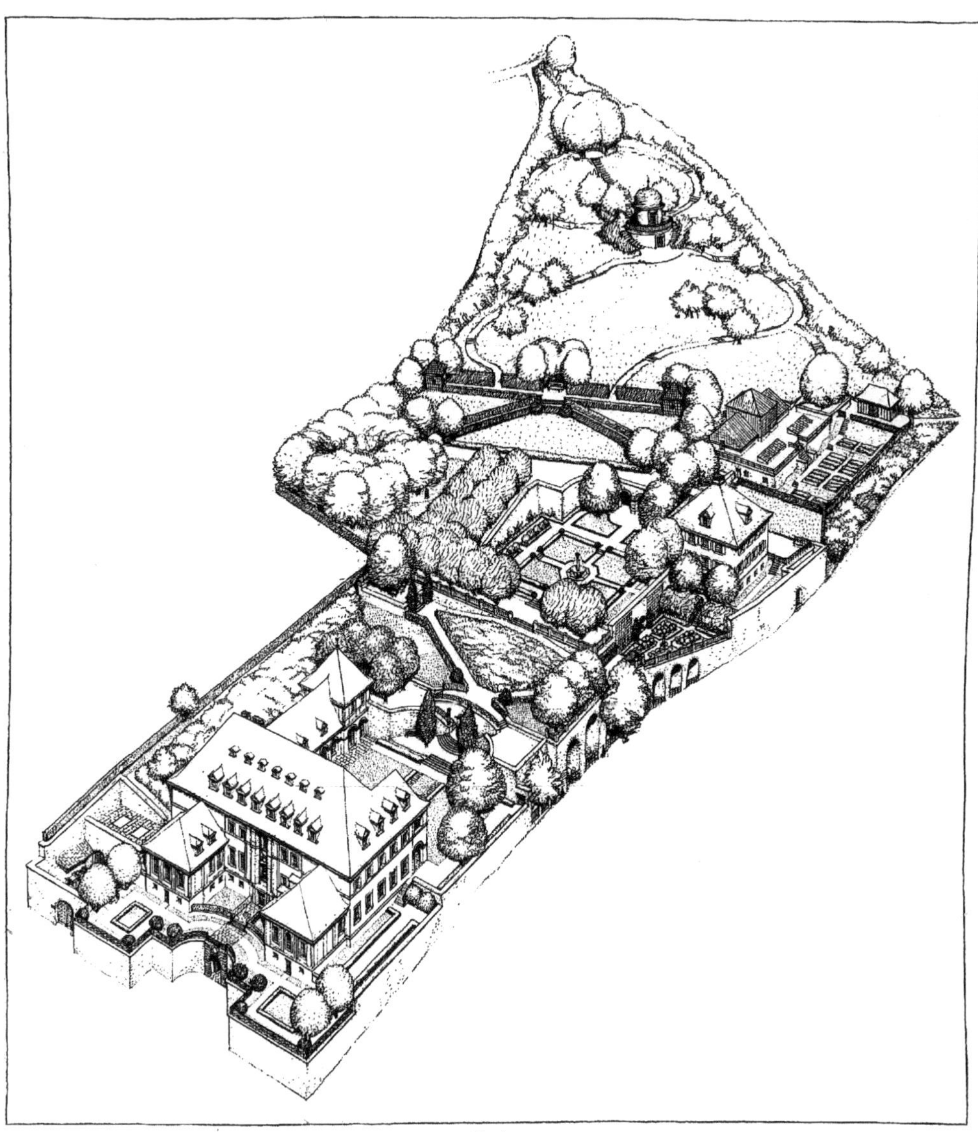

Abb. 1 Villa Krehl, Isometrie der Gesamtanlage

vorher herrschenden Architekturauffassungen des Jugendstils und des Historismus – von Symmetrie und großen stereometrischen Grundformen geprägt. Der zweigeschossige voluminöse Quader des Hauptgebäudes, sein hohes Walmdach sowie die zur Straßenseite vortretenden kurzen Flügel zeigen eine strenge Proportionierung und Gliederung. Ernster und würdevoller Bauschmuck konzentriert sich an der Mittelachse in Gestalt der plastisch hintereinander gestaffelten Lisenen, welche die auch durch die Fensterformen betonte Mitte rahmen.

Es ist eine interessante und vielleicht aufschlussreiche Tatsache, dass Ostendorf in der Planung immer wieder mit den Bauvorschriften kollidierte, zumal er mit dem vorgeschriebenen Verhältnis von Raumgröße und Fensterfläche mehrfach in Konflikt geriet. Entweder waren die Räume den Baubeamten zu klein und die Fester zu groß oder aber umgekehrt. Letztendlich konnte sich Ostendorf mit einer streng ästhetischen Argumentation durchsetzen. Die Funktion folgte hier der Form, nicht die Form der Funktion.

Das gediegen ausgestattete Hauptgeschoss war für das gesellige Leben vorgesehen Abb. 6. Hier befand sich neben dem Speisezimmer auch das Arbeitszimmer der Hausherren (in dem er gelegentlich Patienten empfing), von dem man wiederum ins Herrenzimmer gelangte. Bezeichnend ist, dass der Ausstattungsstil noch sehr der Opulenz des Historismus verhaftet war und der neuen Klarheit der Ostendorf'schen Stilauffassung im Grunde nicht entsprach.

Das Musikzimmer Abb. 7, am Flügel un-

Abb. 2 Elisabeth von Krehl auf dem Balkon des Hauses

Abb. 3 Gärtnerhaus

schwer zu erkennen, orientierte sich zum Garten hin; das Damenzimmer zeichnete sich durch eine elegantere Ausstattung aus. Bemerkenswert ist der zum Garten gewandte Palmenraum, der als Wintergarten auch an kalten Tagen ein exotisches Naturgefühl vermitteln konnte Abb. 8. Das Arbeitszimmer der Elisabeth von Krehl war, verglichen mit den repräsentativen Räumen ihres Gatten, vergleichsweise bescheiden eingerichtet und kündete von einer Sehnsucht nach Privatheit und einer kontemplativen Neigung zu den bildenden Künsten.

Das Innere der Villa zeichnet sich heute, obwohl das Mobiliar nicht mehr erhalten ist, aus denkmalpflegerischer Sicht durch eine bemerkenswert vollständige und gute Erhaltung der Räume aus. Die ortfeste Ausstattung hat sich bis auf den Verlust der großen hölzernen Haupttreppe überliefert. Insbesondere im Hauptgeschoss weisen die Räume weithin ihre repräsentative und anspruchsvolle Grundgestalt auf: Stuckdecken, Täferungen, Zierkamine, Parkettböden, Türen und Fenster mit Originalbeschlägen geben bis in die Details den Zustand der Erbauungszeit wieder. Auf der Südseite des Wohnhauses erreichte man den Garten durch offene Arkaden. Im ersten Obergeschoss, hier befanden sich die Schlaf- und Privaträume, nutzte Ostendorf die Hanglage aus, indem er über den verlängerten Seitenflügel einen direkten Austritt auf die obere Gartenterrasse schuf Abb. 9. In der unteren Ebene des Gartens legte er vor dem Haus einen Staudengarten an. Abgeschlossen wird dieser untere Gartenteil von einer großen doppelläufigen Treppe vor einer

Abb. 4 Teehäuschen

Abb. 5 Hauptzugang des Hauses, 1990

Buntsandsteinmauer mit zentraler Brunnennische, die durch ein großes Muschelbassin geziert wird. Eine doppelläufige, gemächlich ansteigende Wegerampe überwindet bequem das steile Hangstück zwischen den beiden flachen Gartenzonen. Beidseitig werden die Rampen jeweils durch einen ummauerten Freisitz mit einem schattenspendenden Baum unterbrochen, die zur Rast einladen. Schließlich kann von beiden Seiten her der zentrale Eingang des Blumengartens erreicht werden, der von einem hell gestrichenen Bretterzaun talseitig abgeschlossen ist. Auf der zweiten Ebene befand sich ein streng formal angelegter Blumengarten mit einem symmetrischen Wegkreuz, in dessen Mitte ein hoher Brunnen in einem oktogonalen Becken plätscherte Abb. 10 . Dieser sehr wohnliche Gartenteil, gleich neben dem Gärtnerhaus gelegen, wurde wiederum durch eine große Stützmauer abgeschlossen, in der sich hinter einer offenen Dreierarkade ein im Sommer angenehm kühler Grottensaal befindet. Parallel zum Blumengarten verläuft eine kleine Allee, die es dem Spaziergänger erlaubte, gut beschattet in den höheren Teil des Gartens zu gelangen. An Ostendorfs publizierten Zeichnungen kann man sehen, das er hinsichtlich des ersehnten Grüns sehr optimistisch war. Angesichts der durch den angesehenen Heidelberger Fotografen Ernst Gottmann (1874–1932) angefertigten Plattenfotografien möchte man zu der Ansicht kommen, dass diese als direkte Vorbilder gedient haben. Etwas aus der Symmetrieachse herausgerückt, führt über dem Blumengarten eine flach ansteigende Doppelrampe auf ein über Treppen erreichbares Podest mit einer Gartenbank und inszeniert diesen Ort damit zum zentralen ›Belvedere‹ der Parkanlage. Auf dieser Höhe befindet sich ein breiter und ebener Weg, der zwei stereometrisch gestaltete offene Lauben miteinander verbindet und angesichts der beeindruckenden Fernsicht zum bequemen Flanieren einlädt. Am Fuße der beiden Rampen sind in diesem Teil des Gartens jeweils zwei skulptural verzierte Brunnen zu bewundern. Ist die gartenkünstlerische Gestaltung der Anlagen und Beete in nächster Nähe bis hierher von sehr architektonischer und von formaler Art, so wird diese von hier an ›landschaftlicher‹, d. h. freier in der Wegeführung und ohne strenge symmetrische Bindung.

Nicht einmal ein Jahrzehnt lebten die Eheleute Krehl im großen Haupthaus, als sie aufgrund des horrenden Inflationsverlustes ihres Vermögens das Anwesen nach dem Ersten Weltkrieg nicht mehr halten konnten. Das Ehepaar von Krehl gründete deshalb zum Jahreswechsel 1918/1919 die »*Friedrichstiftung*« und teilte sich die Villa zunächst mit einem Dutzend, später mit 20 Schülern vom Lande, die in Heidelberg das Abitur machen sollten. Doch auch das Stiftungskapital schmolz bald dahin, und so zogen die von Krehl 1925 in das sehr geräumige Gärtnerhaus. Das große Haupthaus verkauften sie dem Melanchthon-Verein, der auch in Freiburg und Wertheim weitere Schülerheime betrieb. Diese Umnutzung erforderte 1920 vor allem im Obergeschoss Umbaumaßnahmen. 1942 von den Nationalsozialisten beschlagnahmt und zum Forschungsinstitut der Luftwaffe umfunktioniert, war die Villa nach Kriegsende bis 1949 Sitz der amerikanischen ›Spruchkammer‹ zur so genannten ›Entnazifizierung‹ der Einwohner Heidelbergs.

Anschließend wurde die Villa wieder zum »*Friedrichstift*« des inzwischen verarmten Melanchton-Vereins, der sich aus ökonomischen Gründen mit der funktionaleren und lukrativeren Neubebauung des Anwesens beschäftigen musste. Im Jahre 1973 wollte man die Villa abreißen, ein Ansinnen, das an dem vehementen Protest und der eingereichten Petition einer Bürgerinitiative scheiterte. 1988 verkaufte der Verein das Anwesen an die »*Schiller International University Heidelberg*«, ein privates College nach angloamerikanischem Muster, das Studenten aus aller Welt seit 1969 ein englischsprachiges Studium in Heidelberg ermöglicht.

Friedrich Ostendorf hatte 1913 in der Einführung seiner »Sechs Bücher vom Bauen« über die Villa Krehl geschrieben: »*Die Straßenansicht und der Blick in den Garten unmittelbar hinter dem Hause lassen, denke ich, erkennen, dass trotz allem das Bestreben vorhanden war, die einfachste Erscheinungsform herauszubringen, die aber unter besonderen Verhältnissen und Bedingungen nicht mehr eine absolut einfache sein kann.*«[3]

Diese Worte des Architekten klingen entschuldigend, fast so, als sei seine eigene unerbittliche Ästhetik der Versuchung komplexer Künstlichkeit bzw. einer gewissen Manieriertheit erlegen. Aus heutiger Sicht ist es jedoch gerade der grandiose, Haus und Garten durchdringende Gestaltungswille, der die Anlage als Ganzes so beeindruckend macht. Ostendorf lehnte den Landschaftsgarten vehement ab und setzte sein Augenmerk auf den architektonischen Garten, zu dessen Vorkämpfern auch der mit Ostendorf befreundete und ebenfalls in Karlsruhe lehrende Max Laeuger (1864–1952) gehörte, der auch einige der Gartenmöbel des Villengartens entwarf. Vorläufer und im Geiste verwandt mit Ostendorfs Stilvorstellung von der modernen Gartenarchitektur waren Peter Behrens, Hermann Muthesius, Joseph Maria Olbrich und Paul Schulze-Naumburg. Insbesondere die Schriften von Muthesius und Schulze-Naumburg lieferten die Grundlage des neuen Stils und wurden

Abb. 6 Gartenseite des Hauptgeschosses

sehr populär.[4] Ein naheliegendes Vorbild für Ostendorf dürften die leider ephemeren Laeuger-Gärten der Jubiläumsausstellung in Mannheim von 1907 gewesen sein. Bedeutend und ebenfalls von der Hand Laeugers ist die 1909 eingeweihte, bis heute erhaltene, architektonisch streng geschnittene Gönner-Anlage in Baden-Baden, die für sich selbst und als Bestandteil der weltberühmten Lichtentaler Allee als Kulturdenkmal behandelt wird. Die Vorbilder Ostendorfs liegen in der Traditionslinie der Architekturgeschichte: Nicht nur in der auf den ersten Blick dominierenden Architektur der Zeit ›um 1800‹, welche die Gegner des Jugendstils und des Historismus kurz vorher als Zenit der Architekturentwicklung identifiziert hatten, sondern darüber hinaus im italienischen Manierismus und in der römischen Antike. Deren Einfluss kann man beispielsweise in der beschriebenen Zugangs- und Treppenhausanlage erkennen, hier insbesondere auch in der dramatischen Inszenierung des Aufgangs zum Park in der Mittelachse hinter dem Haus Abb. 11 : Die apsisartig zurückschwingende Wand des Treppenaufgangs zum Park – in Ostendorfs Entwurf wird die Achse von zwei Zypressen flankiert – die Brunnennische in der Mitte, das grobe Sichtmauerwerk – diese Elemente tragen zum weihevollen Eindruck eines antiken Haines bei.

Das große Parkgelände, das sich den Hang hinaufzieht, ist in späterer Zeit leider dreigeteilt worden. Der gestalterische Zusammenhang als einzigartiges Gartenkunstwerk ist dadurch insgesamt nicht beeinträchtigt worden. Die Nebengebäude

Abb. 7 Musikzimmer

Abb. 8 Palmenraum

und Zierbauten im Park ebenso wie die Pflanzungen sind weitgehend im ursprünglichen Bestand erhalten. 1997 sollte die Villa Krehl mit Garten, d. h. mit allen zugehörigen Teilgrundstücken als Kulturdenkmal von besonderer Bedeutung in das Denkmalbuch eingetragen werden. Im Zuge dieses Eintragungsverfahrens versuchten einige Eigentümer von Randparzellen des Anwesens, die Aufnahme ihrer Grundstücksteile zu verhindern. Das Verwaltungsgericht Karlsruhe gab in einem Gerichtsprozess den Denkmalschutzbehörden schließlich recht und erklärte die Aufnahme aller Grundstücke in das Denkmalbuch für legitim. Die durch Ostendorf selbst so zahlreich hinterlassenen Pläne und seine veröffentlichten Schriften ließen keinen Zweifel an den Abmessungen der großartigen Anlage.

Anmerkungen

1 Werner Oechslin, »›Entwerfen heisst, die einfachste Erscheinungsform zu finden.‹ Missverständnisse zum Zeitlosen, Historischen, Modernen und Klassischen bei Friedrich Ostendorf«, in: Vittorio Lampugnani und Romana Schneider (Hrsg.), Moderne Architektur in Deutschland 1900 bis 1950. Reform und Tradition, Ausst.-Kat. Frankfurt am Main, Stuttgart 1992; Thomas Leibrecht, »Die Villa Krehl in Heidelberg«, in: Heidelberg. Jahrbuch zur Geschichte der Stadt, 8. Jg. (2003/04), S. 99–115; Günter Mader, Gartenkunst des 20. Jahrhunderts. Garten- und Landschaftsarchitektur in Deutschland, Stuttgart 1999, S. 37–39; Julia Hauch, Friedrich Ostendorf (1871–1915). Architektonisches Werk, architekturgeschichtliche und theoretische Schriften, Dissertation Johannes-Gutenberg-Universität Mainz 1995; Isolde Dautel und Clemens Kieser, »Villen und Landhäuser in Baden. Von der historistischen Burg zum Neoklassizismus«, in: Gert Kähler (Hrsg.), Villen und Landhäuser des Kaiserreichs in Baden und in Württemberg, München 2006.

2 Leibrecht, 2003/04 (wie Anm. 1), S. 102.

3 Friedrich Ostendorf, Sechs Bücher vom Bauen. Theorie des architektonischen Entwerfens. Erster Band. Einführung, Berlin 1913, S. 87.

4 Mader, 1999 (wie Anm. 1), S. 8.

Abb. 9 Seitenflügel mit Austritt auf die obere Gartenterrasse

Abb. 10 Zweite Gartenebene mit symmetrischem Blumengarten und Brunnen

Abb. 11 Parkaufgang in der Mittelachse hinter dem Haus

Roswitha Kaiser

Werk und Theorie im Leben Friedrich Ostendorfs am Beispiel des Lippstädter Rathaussaales

Vom Interesse für Architektur und Städtebau und dem Talent Friedrich Ostendorfs zeugen bereits seine frühen erhaltenen Zeichnungen und farbigen Skizzen, die heute noch im Museum seiner Heimatstadt Lippstadt aufbewahrt werden. Farbzeichnungen der Geiststraße und der Langestraße Richtung Lippstädter Rathaus dokumentieren den Blick des Schülers auf die historische Stadt am Ende der 1880er Jahre Abb. 1 . Die besondere Begeisterung für mittelalterliche Kirchen ist in seinen Bildern der großen und der ehemaligen kleinen Marienkirche, der Stiftsruine, überliefert.

Die intensive Beschäftigung mit den konstruktiven Grundlagen von Fachwerk und Dachwerk hat sich für Ostendorf wohl erst mit Aufnahme des Ingenieurstudiums als Bestandteil der Ausbildung, insbesondere bei seinem Lehrer Carl Schäfer, ergeben. Studien von Fachwerkgiebeln und Konstruktionsdetails sind auch für seine Heimatstadt Lippstadt in den Skizzenbüchern belegt. Als von Ostendorf geplantes Fachwerkgebäude in Lippstadt ist nur der Anbau an die Villa Kleine in der Oststraße 4 erhalten geblieben. Dieser Anbau wird dominiert von einem als Querhaus durchgebildeten Zwerchhaus mit geschweiftem Giebel in reich ornamentiertem Fachwerk. Im Übergang zum Massivbau der Hauptvilla befindet sich ein Rundturm, der wegen seiner Überschneidung mit der Seitenwand des Hauptgebäudes jedoch nur mit einem Teil seines Umrisses über der Haustür der Villa auf einem Pfosten stehend auskragt und gleichzeitig als Überdachung des Seiteneingangs dient. Der Kontrast in Stil und Material zwischen der Kleine'schen Villa aus dem Jahr 1890, errichtet von Baumeister Timmermann, und Ostendorfs Anbau von 1901 könnte kaum größer sein. Diese Architektur von ihm entspricht keinesfalls seinen in den »Sechs Bücher(n) vom Bauen« dargelegten Entwurfsgrundsätzen Abb. 2 .

Dagegen ist der Bezug zwischen Werk und Schriften Friedrich Ostendorfs als Übereinstimmung von realisierter Architektur und Planungstheorie bei dem Umbau des Lippstädter Rathauses anhand der überlieferten Quellen primärer und sekundärer Art präzise nachweisbar.

Das Lippstädter Rathaus liegt an der Nordseite des städtischen Marktplatzes. Das jetzige Gebäude wurde 1773 anstelle eines einsturzgefährdeten Vorgängerbaues aus der Gotik errichtet. In den Jahren 1894 bis 1898 baute man in die Walmdachmitte des langgestreckten zweigeschossigen Gebäudes einen wuchtigen Uhrenturm, der nach 1930 wieder abgebrochen wurde. Gleichzeitig mit dem Turmbau gliederte man auch die marktseitige Längsfassade des Massivbaus durch Gesimse, Gebälk, Fensterumrahmungen, Bänderung und Lisenen und verputzte sie neu. Rechts und links des dominierenden mittigen Zwerchhauses und der weit in den Marktplatz hineinragenden Freitreppe zum Obergeschoss befanden sich jeweils fünf symmetrisch angeordnete Fensterachsen. Der Zwerchhausgiebel wurde damals im Stil der Neurenaissance aufgewertet, wodurch sich der gestalterische Anspruch der Marktfassade gegenüber der schlichten bauzeitlichen Fassade erhöhte Abb. 3 . Der Vorzustand der historischen Fassade ist durch Aufnahmen und Pläne aus dem 19. Jahrhundert überliefert. Die mittige Freitreppe am Markt führte durch ein reich verziertes Ro-

kokoportal zu dem großen Saal im Obergeschoss. 1877 war die Voutendecke dieses Saals durch den Maler Wittkop mit einer aufwendigen farbintensiven Ausmalung mit der Darstellung von Stadtwappen verschiedener Hansestädte neu gestaltet worden.

1903 wurde Friedrich Ostendorf als Regierungsbaumeister (zu damaliger Zeit außer Dienst gestellt) und als freischaffend tätiger Architekt mit einem »*Bureau für Architektur und Möbelkunst*« für die künstlerische Oberleitung des geplanten Rathausumbaues engagiert.

Anlass der Neugestaltung des Inneren war – wie dem Erläuterungsbericht Ostendorfs zu entnehmen ist – das für einen Verwaltungsbau einer Stadt von 13.000 Einwohnern nicht mehr zeitgemäße Raumangebot im Bestand: »*Das Rathaus in Lippstadt stellt ein aus dem 18. Jahrhundert uns überkommenes Bauwerk dar, dessen wenn auch ganz schlichte, so doch charakteristische äußere Erscheinung man lieb gewonnen hat. Im Inneren birgt es indessen nichts, was irgendwelchen Wert als Kunstwerk besäße, oder was durch die Historie geheiligt worden wäre. Die innere Eintheilung des Bauwerks entsprach den Bedürfnissen einer vergangenen Zeit recht gut, aber sie entspricht durchaus nicht den Anforderungen, die man heute an ein städtisches Verwaltungsgebäude stellen muß*«.[1]

Erste Voraussetzung war die Auseinandersetzung mit den konstruktiven und funktionalen Gegebenheiten des Bestandes, die er im Berichtstext zum Bauvorhaben penibel erläutert.

Ein exakt ausgearbeitetes Raumprogramm mit Berücksichtigung funktionaler Bezüge war für Ostendorf selbstverständliche und wesentliche Grundlage des weiteren Planungsprozesses.

Das Lippstädter Rathaus bedeutete für Ostendorf mehr als Auftragsgegenstand. Es war zugleich idealisierte typologische Blaupause, aus der er Bestandteile seiner »*auf einen Baubestand zurückgeführte(n) und zugleich zukunftsgerichtete(n) abstrahierende(n) Entwurfslehre*«[2] entwickeln konnte.

»*Es finden sich Beispiele, wie etwa das in Abb. 119 wiedergegebene Rathaus von Lippstadt, ..., in denen das alte einräumige Gebilde, nur in ein neues Gewand gekleidet, fortzuleben scheint, ja die Einheitlichkeit der Erscheinung und an eindringlicher Wirkung die alten wirklich einräumigen Bauten noch übertreffen wollte*«, lesen wir im zweiten Band seiner »*Sechs Bücher vom Bauen*«.[3]

Bereits in der Untertitelung des zweiten und des dritten Bandes unterscheidet Ostendorf zwischen der äußeren Erscheinung der einräumigen und der mehrräumigen Bauten.

Die künstlerische Wirkung der einräumigen Bauten, also etwa einer Kirche, eines Saalbaues,

Abb. 1 Aquarell von Friedrich Ostendorf, Ende der 1880er Jahre. Im Hintergrund der Markt und das Rathaus von Lippstadt

beruhe im Grunde genommen auf der durch die Einheit des Organismus' bedingten Geschlossenheit der Erscheinung, so Ostendorf. Mit Fokus insbesondere auf den Ratssaal als Kernbestandteil des städtischen Verwaltungsgebäudes sieht Ostendorf im Lippstädter Rathaus einen Archetypus eines einräumigen Gebäudes, das sich durch Umbauung des alten saalartigen Einraumes mit einer immer weiter steigenden Anzahl von Nebenräumen entwickelt, jedoch sein klares äußeres Erscheinungsbild in der von ihm bevorzugten Barockarchitektur beibehalten hat Abb. 4.

Wegen der differenzierten programmatischen Anforderungen muss Ostendorf zu Beginn des 20. Jahrhunderts das Gebäude erweitern und erläutert die Planungsoptionen:

»*Da hierfür die vom alten Rathaus eingenommene Grundfläche nicht ausgereicht haben würde, ist nach dem Westen hin ein Anbau projektiert worden, der aber niedriger und schmaler als das Rathaus, die einheitliche und abgerundete Erscheinung desselben nicht beeinträchtigen kann.*

Es könnte nun geltend gemacht werden, daß man den Anbau, in der Breite des Stadtverordnetensaales und etwa 6 m vorspringend, richtiger nach dem Markte zu und an Stelle der jetzigen Freitreppe hätte legen können … Diese Anordnung, die also gewisse Vorteile böte, würde aber einerseits dazu führen, das Äußere des alten Rathauses wesentlich zu verändern, in dem die Freitreppe fortfallen müßte und andererseits auch bedeutend kostspieliger sein. Denn es ist klar, daß so einfacher und anspruchslos man den Anbau im Westen gestalten kann und muß, um ihn neben der geschlossenen Erscheinung des alten Rathauses nicht störend zur Wirkung zu bringen, man einen Anbau in der Mitte der Front nach dem Markte zu notwendigerweise aufwändiger aufbauen müßte …«[4]

Seine Idealvorstellung von der klaren und einfachsten Erscheinungsform dieses einräumigen Bautyps sah Ostendorf wohl auch durch die gedachte Variante eines massiven Eingriffs in die architektonische Gestalt des historischen Lippstädter Rathauses im Grundsatz nicht gestört.

Ein solcher Entwurf mit Mittelbau, in dem sich der erweiterte Ratsaal befunden hätte, wäre nach den Vorstellungen Ostendorfs ebenfalls eine unmittelbare Verkörperung einer architektonischen Vorstellung gewesen, denn die »*äußere Erscheinung der Bauten, insofern sie Kunstwerke welcher Art immer sind, wird bestimmt durch räumliche Vorstellungen, die auf Grund der besonderen Situation und des besonderen Bauprogrammes entstehen.*«[5]

Wenn Ostendorf im Erläuterungsbericht darüber schreibt, das Innere solle »*von der Sohle des Erdgeschosses bis zur Dachbalkenlage*«[6] umgestaltet werden, so bleibt doch die Frage offen, ob er die einfache Walmdachkonstruktion mit liegendem Stuhl durch ein Mansardwalmdach ersetzen wollte, so wie es die im Stadtarchiv Lippstadt befindlichen Schnitte, undatiert und ohne Verfasserangabe, darstellen Abb. 5. In der Logik seiner Entwurfstheorie hätte ein Mansardwalmdach die Einheitlichkeit der Erscheinung wohl ebenfalls nicht zerstört. Da aber die Urheberschaft aus den

Abb. 2 Friedrich Ostendorfs Fachwerkanbau an die Villa Kleine Junior aus dem Jahr 1901, Foto Mai 2005

Plänen nicht hervorgeht und es keine inhaltliche Entsprechung in Ostendorfs Erläuterungsbericht gibt, bleibt diese Überlegung spekulativ.
Sein Anbau mit nur oberlichtgroßen vergitterten Öffnungen im Erdgeschoss verhehlt dessen Nutzung mit Arrestzellen jedenfalls ebenso wenig wie der wuchtige, bis über den First des Hauptbaues geführte Kaminkopf die Lage der neuen Zentralheizung im Sockelgeschoss des Anbaues negiert.
Neben der Neuordnung der funktionalen Einheiten des Verwaltungsgebäudes und der Einfügung einer Innentreppe bestand für Ostendorf die besondere künstlerische Herausforderung in der Neugestaltung des Ratssaales im Obergeschoss. Wir erinnern uns an die Bezeichnung »*Bureau für Architektur und Möbelkunst*« im Briefkopf des Schriftwechsels mit dem Magistrat der Stadt. Innenraumgestaltung war zu dieser Zeit ein Schwerpunkt seines Schaffens, doch haben sich bis auf die Zeichnung aus dem Danziger Archiv, bezeichnet mit Berlin 1899, meines Wissens keinerlei Planunterlagen oder Entwürfe erhalten.[7] Umso mehr ist es von Interesse, die Bezüge zwischen Theorie und Praxis in den erhaltenen Werken seiner Innenarchitektur zu studieren.
Bedingt durch die Notwendigkeit, die Innenerschließung des Rathauses zu verbessern, entschloss sich Ostendorf, den Ratssaal, der ursprünglich als Durchgangsraum die ganze Breite des Gebäudes einnahm, zu Gunsten eines vorgelagerten Flures in der Tiefe zu verringern und

Abb. 3 Das Lippstädter Rathaus nach der Umgestaltung der Fassade 1894–1898 und nach dem Umbau durch Friedrich Ostendorf 1903/1904

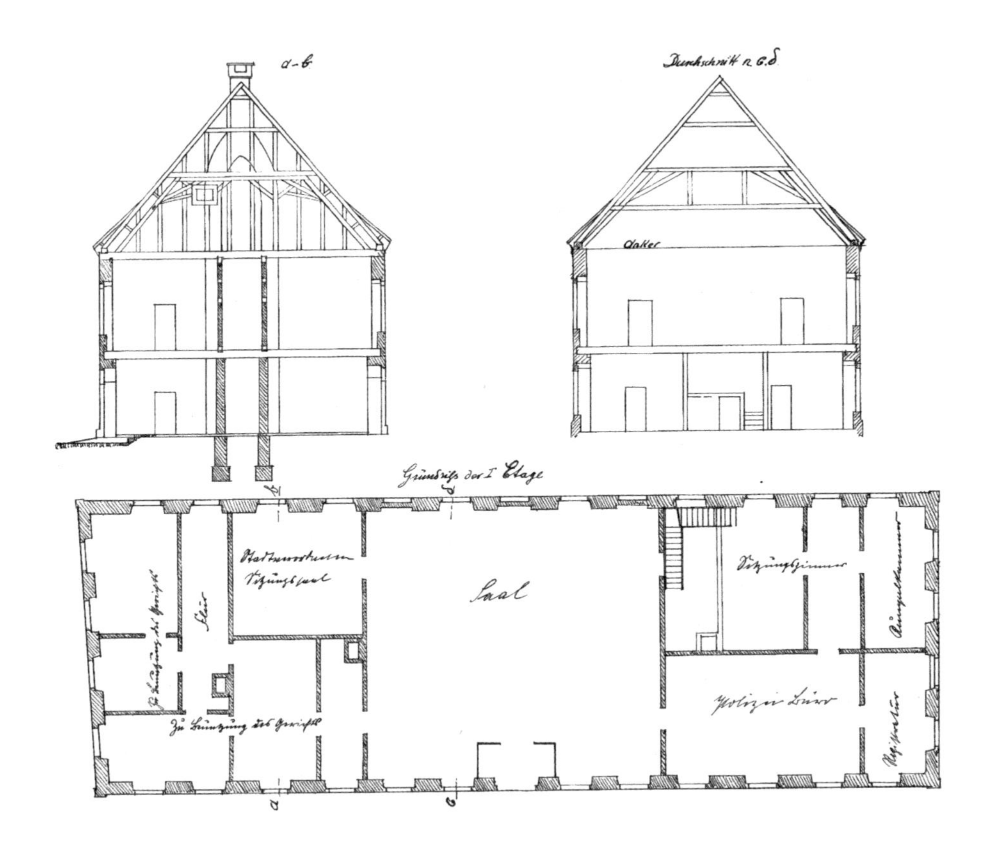

ihm dadurch eine neue Proportion zu geben Abb. 6 . Den nun entstehenden längsrechteckigen Saal wollte er mit einer neuen Voutendecke in selber Höhe wie die bestehende Wittkop'sche Decke zum Kehlgebälk hin abschließen. Der sich über fünf Fensterachsen erstreckende Raum wird im Süden durch die Außenwand zur damaligen Judenstraße begrenzt, die in der Nordwand gegenüberliegenden zwei Eingangstüren sind symmetrisch seitlich versetzt zu den Fensterachsen angeordnet. In Art einer Enfilade liegen die Türen zum Sitzungszimmer östlich und zum Magistratssaal westlich in der Nähe der Südwand. Mittig in den Querwänden eingebaute Kaminnischen sind mit reich geschmiedeten Gittern versehen, die einfache Heizkörper verdecken.

Ostendorf verlangte eine Bemusterung und die Ausführung durch ihm bekannte, bereits beim Bauvorhaben W. Kleine jun. in der Oststraße in Lippstadt tätig gewesene Handwerker für das Stuckgewerk und das Kunstschmiedegewerk. Auch für die farbliche Fassung der Wände und Decken sowie für Materialien machte er verbindliche Vorschläge, die protokollarisch festgehalten wurden. Selbst die Kronleuchter entwarf er.

Der Boden des Rathaussaales besteht aus einem (erneuerten) Eichenparkett in Fischgrätmuster. Die Wandabwicklung bis in die Höhe der Innentüren ist in kassetierter Eichenvertäfelung ausgeführt, worüber sich ein geputzter Wandbereich erstreckt, der mit einem Stuckgesims abschließt. Die hölzerne Wandverkleidung ist gefeldert und

Abb. 4 »Grundriss der I Etage« und zwei Querschnitte des Lippstädter Rathauses, 1848

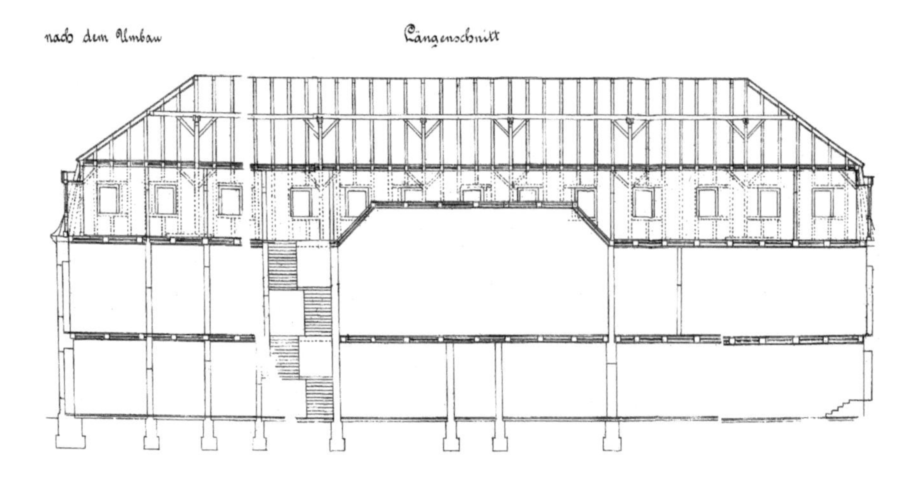

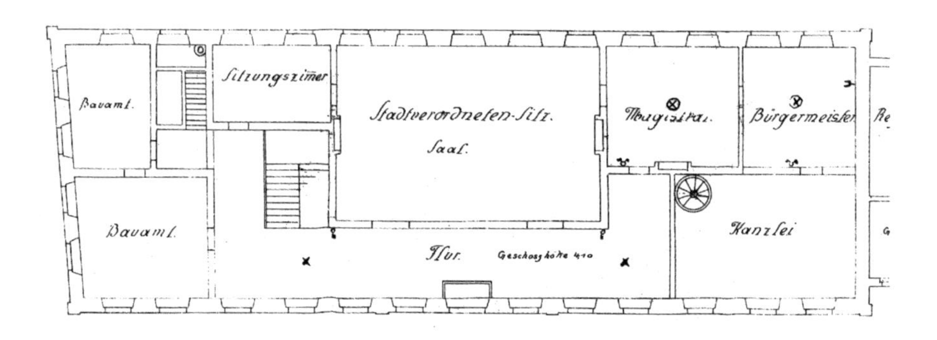

mit Lisenen gegliedert. Der Höhe nach ist sie in Sockel, Mittelteil und Kämpferzone eingeteilt. Das gewölbte Deckenfeld mit mittigem Deckenspiegel ist in barocker Manier oberhalb des Gesimses durch stuckierte Flechtbänder unterteilt Abb. 7 . Ornamentbuketts von »*Weinlaub, Ähren, Rosen & Eichenlaub*«[8] betonen den unteren Feldrahmen, der mittlere Rahmen ist durch eine vollflächige plastische Füllung aus Akanthusblattmotiven hervorgehoben Abb. 7 . Die gleichen Motive können beim Prunksaal im Erdgeschoss des Haupthauses der Villa Kleine jun. beobachtet werden, von dem bislang Ostendorfs Urheberschaft nicht bekannt war. Neben der harmonischen Reihung der Wandöffnungen der Südwand in stimmigem Maßverhältnis mit den geschlossenen Wandfeldern, entsprechend seinem formulierten Grundsatz: »*Auf dem Verhältnis der Durchbrechungen zu den Flächen beruht hier die Wirkung*«[9], sind die als vergitterte Kamingewände gestalteten Heizkörperverkleidungen Abb. 8 und die Kronleuchter auch heute noch dominierender Schmuck des Saales. Das hier beschriebene materielle Zeugnis aus dem Werk des

Abb. 5 Längsschnitt, bez. »nach dem Umbau«, unsign.

Abb. 6 Grundriss des Obergeschosses nach dem Umbau durch Ostendorf, unsign.

Architekten bezieht seine methodische Basis aus dem ersten Grundlagenband sowie aus der nach dem Tode Ostendorfs erschienenen Publikation »*Haus und Garten*«.

»*Bei der Planung des Grundrisses schweben dem Architekten die Bilder der Räume, die er in der Horizontalprojektion zunächst nur zeichnet, vor dem geistigen Auge. Er sieht sie mit den Gestaltungsmitteln des Innenbaues zur körperlichen Erscheinung gebracht.*«[10]

Im Ostendorf'schen Sinne ist der Rathaussaal als »*Bauwerk – wenn es ein Kunstwerk ist – eine mit Baumaterialien zur körperlichen Erscheinung gebrachte künstlerische Idee*«[11] zu definieren.

Trotz der Einschränkung, dass diese Planung eine Bauaufgabe im Bestand bedeutete und mithin

Abb. 7 Der Lippstädter Rathaussaal, Foto 2005

Abb. 8 Kamingitter im Lippstädter Rathaussaal, Foto 2005

Zwänge existierten, kann die Umgestaltung des Lippstädter Rathauses als Ergebnis einer nahezu völligen Übereinstimmung von Ostendorfs Planungstheorie mit seinem architektonischen Werk bewertet werden mit Konkordanzen ohne Brüche zwischen geistiger Grundlage und materiellem Ergebnis. Für seine Heimatstadt Lippstadt besitzt dieses weiterentwickelte Denkmal als Geschichtszeugnis eine herausragende und überregionale Bedeutung.

Dieses Ergebnis konnte nur erreicht werden, weil der Bestandsbau von 1773 für den Theoretiker Ostendorf als idealer architektonischer Archetypus galt. Ostendorf hatte sich den Rathäusern der Vergangenheit gewidmet, sie analysiert und dieser Bauaufgabe in Wettbewerben eine zeitgemäße Architektur gegeben. Nicht jedes Rathaus aus der Vergangenheit war für ihn vorbildhaft für die Weiterentwicklung seiner Idee vom Entwurf als der *»einfachste(n) Erscheinungsform für ein Bauprogramm«*.[12]

Der Umbau des Lippstädter Rathauses durch den prominenten Architekten war nach Auffassung der Zeitgenossen überaus gelungen, sein Werk wurde selbst auf Postkarten und in der ortsgeschichtlichen Literatur überschwänglich gewürdigt: *»Der jetzige innere Umbau nach dem Plane von Professor Friedr. Ostendorf in Danzig, einem Sohne unserer Stadt, ist nicht nur an erster Stelle allen Anforderungen einer modernen Verwaltung aufs bequemste angepaßt, sondern gab auch bei der stilvollen Ausschmückung einzelner Räume dem hiesigen Handwerk, welches alles außer den Kronleuchtern geliefert hat, Gelegenheit, Proben der Kunst abzulegen.«*[13]

Die Einschätzung des Architekturhistorikers Julius Posener über die Entwurfstheorie Friedrich Ostendorfs, der den Irrtum begangen habe, ein Ordnungsprinzip der Architektur »außerhalb der herrschenden Produktionsverhältnisse in einer vergangenen Zeit« zu suchen und an die Möglichkeit einer allgemeingültigen Ordnung zu

Abb. 9 Zeichnung des alten Lippstädter Rathauses von Friedrich Ostendorf

glauben, müssen wir zweifellos nachvollziehen.[14] Ostendorfs entwurfstheoretische Bemühungen seiner Schriften bleiben zeitgebunden, während seine wissenschaftliche Aufarbeitung verschiedenster Architekturphänomene eine nachhaltigere Würdigung erfuhr, denken wir nur an seine berühmte »*Geschichte des Dachwerks*«.

Dieser Kolloquiumsbeitrag stellt an einem Einzelbeispiel das Wirken Ostendorfs in Theorie und Praxis mit Blick auf vielfältige gedankliche Bezüge und auch Brüche zwischen Bauten und Schriften dar. Das Lippstädter Rathaus ist für das Œuvre Ostendorfs von mehrschichtiger Bedeutung, da es Studienobjekt und zugleich Probestück für die Ableitung seiner Lehre vom Entwerfen war, was anhand der guten Quellenlage nachvollziehbar dargelegt werden konnte.

Anmerkungen

1 Stadtarchiv Lippstadt, Akten der Magistratsregistraturen C-Gb: F 298 Umbau des Rathauses 1903–1926.
2 Roswitha Kaiser, »Analoge Entwurfsmethoden im 20. Jahrhundert«, in: Gemeinsame Wurzeln – getrennte Wege? Über den Schutz von gebauter Umwelt, Natur und Heimat seit 1900. Jahrestagung 2005 der Vereinigung der Landesdenkmalpfleger in der Bundesrepublik Deutschland. Münster 2007, S. 272.
3 Friedrich Ostendorf, Sechs Bücher vom Bauen. Zweiter Band. Die Äussere Erscheinung der einräumigen Bauten. Vorwort von Walter Sackur. 2. Auflage Berlin 1919, S. 201.
4 Stadtarchiv Lippstadt (wie Anmerkung 1).
5 Ostendorf, 1919 (wie Anm. 3), S. 3.
6 Stadtarchiv Lippstadt (wie Anm. 1).
7 vgl. Julia Hauch, Friedrich Ostendorf (1871–1915). Architektonisches Werk, architekturgeschichtliche und theoretische Schriften, Dissertation Johannes-Gutenberg-Universität Mainz 1995.
8 Stadtarchiv Lippstadt (wie Anm. 1).
9 Friedrich Ostendorf, Sechs Bücher vom Bauen. Erster Band. Einführung, Berlin 1913, 3. Auflage Berlin 1918, S. 180.
10 Ebda, S. 173.
11 Ebda, S. 4.
12 Ebda, S. 3.
13 F(ranz) Kersting, Lippstadt zu Anfang des 20. Jahrhunderts. Zugleich ein Führer durch die Stadt und ihre Umgebung, Lippstadt 1905/1906, S. 88 f.
14 Julius Posener: »Friedrich Ostendorf«, in: Berlin auf dem Wege zur einer neuen Architektur. Das Zeitalter Wilhelms II. (Studien zur Kunst des 19. Jahrhunderts, Bd. 40), München 1979, S. 175–190, hier S. 187.

Ulrich Maximilian Schumann

Friedrich Ostendorfs Skizzenbücher

Ohne Umwege führt das Thema an jene Schnittstelle heran, welche immer als solche wahrgenommen worden ist, wenn nicht sogar als Bruch in der Biographie Friedrich Ostendorfs: hier der Architekt als Forscher und als Autor von Texten, in welchen die Begeisterung für die Formen mittelalterlicher Architekturen weiterlebt, die eigene wie auch noch diejenige seines Lehrers Carl Schäfer, und dort der Architekt als bauender Erneuerer klassischer Traditionen, als welcher er vor allem erinnert wird. Es ist eben diese vermeintliche Katharsis, die so typisch zu sein scheint für Ostendorf und ihn nicht zuletzt zum Modellfall macht: Der Gotiker, der nach Karlsruhe kam und zum Klassiker wurde. Wenn seine Skizzenbücher zur Klärung dieser Frage beitragen sollen, müssen sie sich in ein Verhältnis zu seinen praktischen und theoretischen Ergebnissen bringen lassen, welches Aussagen hierüber liefert. Jenseits ihrer funktionalen Bestimmung, Eindrücke für eine spätere Verwendung zu speichern oder bereits experimentell anzuwenden, versprechen sie, den individuellen und spontanen Zugang zum eigenen Metier zu konservieren und zu vermitteln.

Zwei Einschränkungen müssen dabei jedoch für diesen konkreten Fall vorweggeschickt werden: Die funktionale Bestimmung der Gattung ›Skizzenbuch‹ schlägt in Ostendorfs Exemplaren deutlicher durch als in vergleichbaren; und die Entwicklung des Architekten spiegelt sich in ihnen zweitens bei weitem nicht so transparent und linear wider, wie dies etwa für Karl Moser gilt, den lokalen Antagonisten. Er, der sich mit seinem Büropartner Robert Curjel eine starke Stellung in Karlsruhes Architekturszene aufgebaut hatte, fühlte sich durch Ostendorfs Ankunft herausgefordert. Es wog vermutlich gleich schwer, dass sich dieser mit dem gemeinsamen Kollegen Max Laeuger anfreundete und sich dann noch, nicht zuletzt unter dessen Einfluss, die lokale klassische Tradition aneignete, welche Moser wiederum als wenig mehr denn Schnee von gestern erschien. Bald aber näherte er sich selbst mehr und mehr dem Klassizismus Weinbrenners und zugleich der Position Ostendorfs an, wollte am Ende sogar nach dessen Tod die »*Sechs Bücher vom Bauen*« weiterführen.[1] Professionelle oder persönliche Bekenntnisse dieser Art enthalten dessen eigene Skizzenbücher nicht. Wer sie auswerten möchte, muss daher ›detektivischer‹ vorgehen und zunächst die Fakten sammeln, gegliedert nach numerischen, technischen und dann erst inhaltlichen Kriterien.

65 Skizzenbücher Ostendorfs befinden sich in den Beständen des Instituts für Baugeschichte der Universität Karlsruhe und sind im Jahr 2006 als Dauerleihgabe dem Südwestdeutschen Archiv für Architektur und Ingenieurbau (saai) anvertraut worden. Dort lagern auch seit etwa der gleichen Zeit 35 Skizzenbücher Walter Sackurs, des Schwagers, engen Vertrauten und späteren Herausgebers seiner Schriften, eine geistige Nähe, die sich auch in den Skizzenbüchern niederschlägt. Die Ordnung und Zuordnung der Bücher und ihrer Einträge werden durch Eigenheiten erschwert. Die Beschriftungen der skizzierten Objekte sind selbst für Leser, die Übung mit Autographen jener Zeit besitzen, nur mit Mühe und oft nicht eindeutig zu entziffern. Ostendorf schrieb, in stärkerem als dem üblichen Maße, regelrecht fragmentarisch; insbesondere zählte er

offenkundig nicht die Aufstriche und die Abschwünge, von denen das Verständnis der deutschen Schreibschrift stärker abhängt als das unserer heutigen lateinischen, und selbst die vollen Vokale a und o nähern sich in seiner Schrift linearen Strichen an.

Hilfe bei der Identifikation und beim Auffinden von Objekten bieten Listen an, welche vorne auf der Einbandinnenseite eingetragen oder eingeklebt oder auch nur eingelegt wurden, doch nur in wenigen Bänden und auch offenbar nicht von Ostendorfs eigener Hand erstellt, sondern wohl von derjenigen eines Schülers oder Kollegen. Auch sind die einzelnen Zeichnungen nicht datiert, und nur die ersten 19 der 65 Bände tragen Jahreszahlen auf ihrem Rücken. Eine Erleichterung verspricht eine durchlaufende Nummerierung, doch wurde sie erst nachträglich und gleichfalls sehr wahrscheinlich nicht von Ostendorf selbst vorgenommen. Immerhin lässt sich hierdurch feststellen, dass das Skizzenbuch mit der Nummer 44 in der Folge fehlt.

Schon allein, wenn man diese Ordnung als Chronologie akzeptiert und die Bücher in einer Reihe nebeneinander aufstellt, offenbaren sich erste bemerkenswerte Besonderheiten. Obwohl sie innerhalb von nur gut zehn Jahren entstanden sein dürften, lassen sie die zu erwartende Einheitlichkeit vermissen, wenigstens zu Beginn der Reihe. Die Größe schwankt auffällig stark, nämlich zwischen 16,5 × 14,0 und 32,8 × 27,2 cm. Und es setzt sich diese Variation sogar in die ersten 19 Bände hinein fort. Denn hier sind Skizzenbücher unterschiedlichen Formats zwischen halblederne Buchdeckel zusammengebunden worden. Entsprechend bleiben bisweilen Leerseiten zurück, auch dazwischen, oder einige Bücher halb leer.

Es läge nahe, wenn die Zusammenstellung des Materials den Exkursionen folgte, welche Ostendorf alleine oder später auch mit Studenten unternahm. Ostendorf reiste viel und erhielt mehrere Stipendien hierfür. Reisen waren fester Bestandteil und Forderung der Architektenausbildung, und so musste auch er mehrfach nachweisen, dass er die Exkursion angetreten und hiervon Skizzen mitgebracht hatte.[2] Wenn allerdings der erste Band klar sichtbar mit 1897 datiert ist, der zweite bereits 1896 beginnt, der vierte sogar in Teilen bis ins Jahr 1895 zurückreicht, aber daneben andere Teile aus 1896 und 1897 enthält, belegt dies hinreichend, dass sich die Skizzenbücher offenbar nur unzureichend chronologisch ordnen und trennen lassen und die Reihenfolge nicht wörtlich zu nehmen ist.

Ab dem zwanzigsten Band zeichnet sich dann doch in allesamt schwarz gebundenen, broschierten Heften eine Vereinheitlichung im Format ab; die Maße schwanken nur sehr geringfügig. Kleine Einkleber in diesen Heften besagen, dass sie in Karlsruhe gekauft worden sind, und dies anscheinend ausnahmslos, auch wenn sie in sechs Exemplaren fehlen, und zwar die weitaus meisten in der »*Theodor Krause Kunsthandlung*« und andere sieben Stück bei der »*Fritz Fischer Papierhandlung*«. Doch wann hat er sie gekauft? Immerhin lebte und arbeitete er bereits vor seiner Berufung hier, nämlich während seines Praktikums, das er nach der ersten Hauptprüfung im Hochbaufach von Anfang Februar bis Ende März 1895 im Büro Carl Schäfers ableistete, wo er an den Plänen für die Altkatholische Kirche und ein Offizierskasino für Düsseldorf mitarbeitete, sowie ab Mitte April als Gehilfe in der Großherzoglichen Baudirektion unter Josef Durm, bis er im Januar 1896 eine Stelle in Kassel übernahm. Wenn sich allerdings auf den Rücken von vier Skizzenbüchern die goldfarbene Prägung »Karlsruhe 1895« findet, bedeutet dies nicht, dass diese auch nur eine Spur von dieser Stadt enthielten. Den Ort seiner späteren Lehrtätigkeit nahm er offenbar als Repertoire von Motiven und Vorbildern nicht zur Kenntnis, sondern nur als Ausgangspunkt für Exkursionen, welche er mit seinen Dienstreisen verband, so im Mai 1895 nach Basel und Schwarzach oder im August und September desselben Jahres nach Süddeutschland und Tirol.

Ostendorf könnte die Bücher mit den Etiketten »*Theodor Krause Kunsthandlung Karlsruhe*« und der Adresse »*Kaiser-Str. 158*« tatsächlich 1895 gekauft haben, denn just in jenem Jahr hatte Krause die Firma »*C. Bodenmüller*« an eben dieser Adresse übernommen, zog dann aber im Jahr 1901 von dort in die Nummer 148, und es liegt nahe, mit dem neuen Ort die neue und neutralere Angabe auf weiteren Etiketten in Verbindung zu bringen: »*Theodor Krause Papierhandlung Karlsruhe gegenüber der Hauptpost*«. Alle diese dreizehn Hefte müssen danach 1901 oder später gekauft worden sein. Die Papierhandlung von Fritz Fischer erscheint überhaupt erst im Adressbuch für 1911 mit Stand von Mitte Oktober 1910, und zwar gleichfalls unter der Kaiserstraße 148, denn Fischer hatte diejenige von Theodor Krause übernommen! Es ergibt sich also ein weiterer ›terminus post quam‹, nun 1910, für eben diese sieben Hefte. Fasst man diese für sich genommen spärlichen Befunde zusammen, so deutet sich immerhin an, dass die Nummerierung der Skizzenbücher nicht die Reihenfolge von Ostendorfs Erfahrungen und Exkursionen wiedergeben kann. Bezeichnenderweise klebt im letzten Skizzenbuch in der Reihe mit der Nummer 66 das frühere Etikett von Theodor Krause mit der ersten Adresse.

Wie aber verbindet sich dieses Ergebnis mit den Inhalten? Auf den ersten Blick ins Innere erhellt, dass auch dort keine preußische Disziplin regiert. Es beginnt bei Materialien und Medien; es finden sich darin Transparentpapiere eingeklebt und stellenweise auch Blätter eingelegt: Broschüren, Werbemittel, eine Einladung, Photographien. Um dieses noch vergleichsweise neue Medium bemühte er sich und bediente sich auch aus fremden Quellen, wofür an einer Stelle der handschriftliche Verweis auf »*Photograph Bielau am Holzmarkt*« in Danzig zeugt und an einer anderen die einliegende Werbung für das »*Institut für kunsthistorische Photographie von Hofphotograph W. Kratt, Karlsruhe.*«[3]

Die Zeichnungen sind wie auch die Texte mit einem harten Bleistift auf das Papier gebracht worden, was Übung, Selbstvertrauen und eine hohe Sicherheit im Strich voraussetzt; tatsächlich sind feine und präzise Linien das Resultat. Auch lässt sich rekonstruieren, dass Ostendorf das Skizzenbuch nicht immer von derselben Seite gehalten und gefüllt hat, denn die Motive laufen bisweilen von hinten nach vorne oder stehen auf dem Kopf. Im Modus der Darstellung kommt ein breites Repertoire zur Anwendung: der Versuch, ein Gebäude als Ganzes zu erfassen – in Perspektive, nicht in Isometrie –; seine Fassade in planem Aufriss; seine Organisation im Grundriss; sein Aufbau im Schnitt; seine Details. Doch eines fehlt gänzlich, was man in einem Skizzenbuch vermuten könnte, nämlich Veduten, seien es Stadt- oder Landschaftsbilder, welche Natur oder Architektur in ihrem Kontext zeigen. Diese Erkenntnis nun lässt uns doch Ostendorfs Prioritäten besser erkennen. Ganz sicher geht es ihm nicht um atmosphärische Souvenirs und malerische Ansichten, wie sie die Skizzenbücher der Romantiker noch gefüllt hatten. Dies bestätigt ein Gutachten zur Berufung nach Danzig über die von ihm eingereichten Skizzenbücher: »*Auf malerische Bilder, die sonst architektonische Skizzenbücher zu füllen pflegen, ist verzichtet, statt dessen sind*

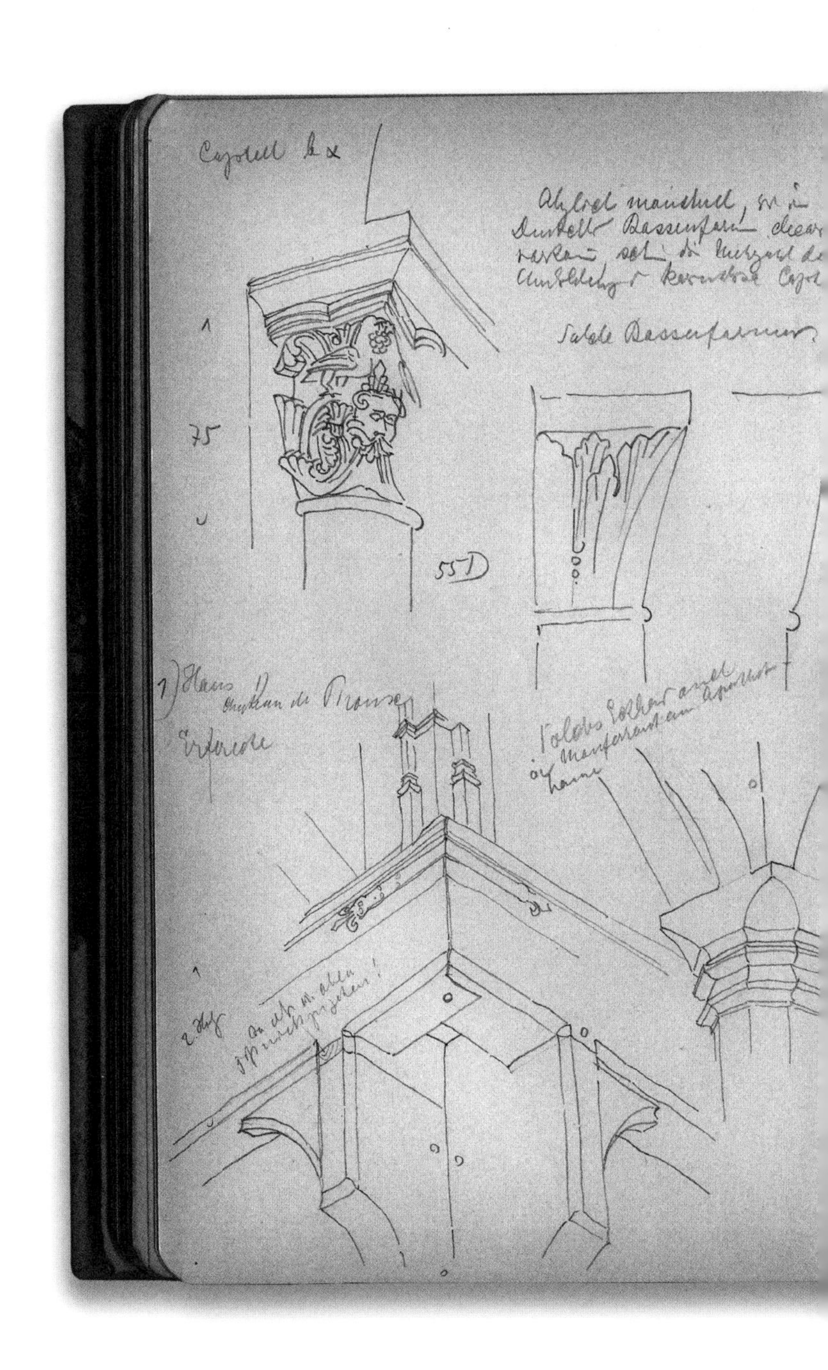

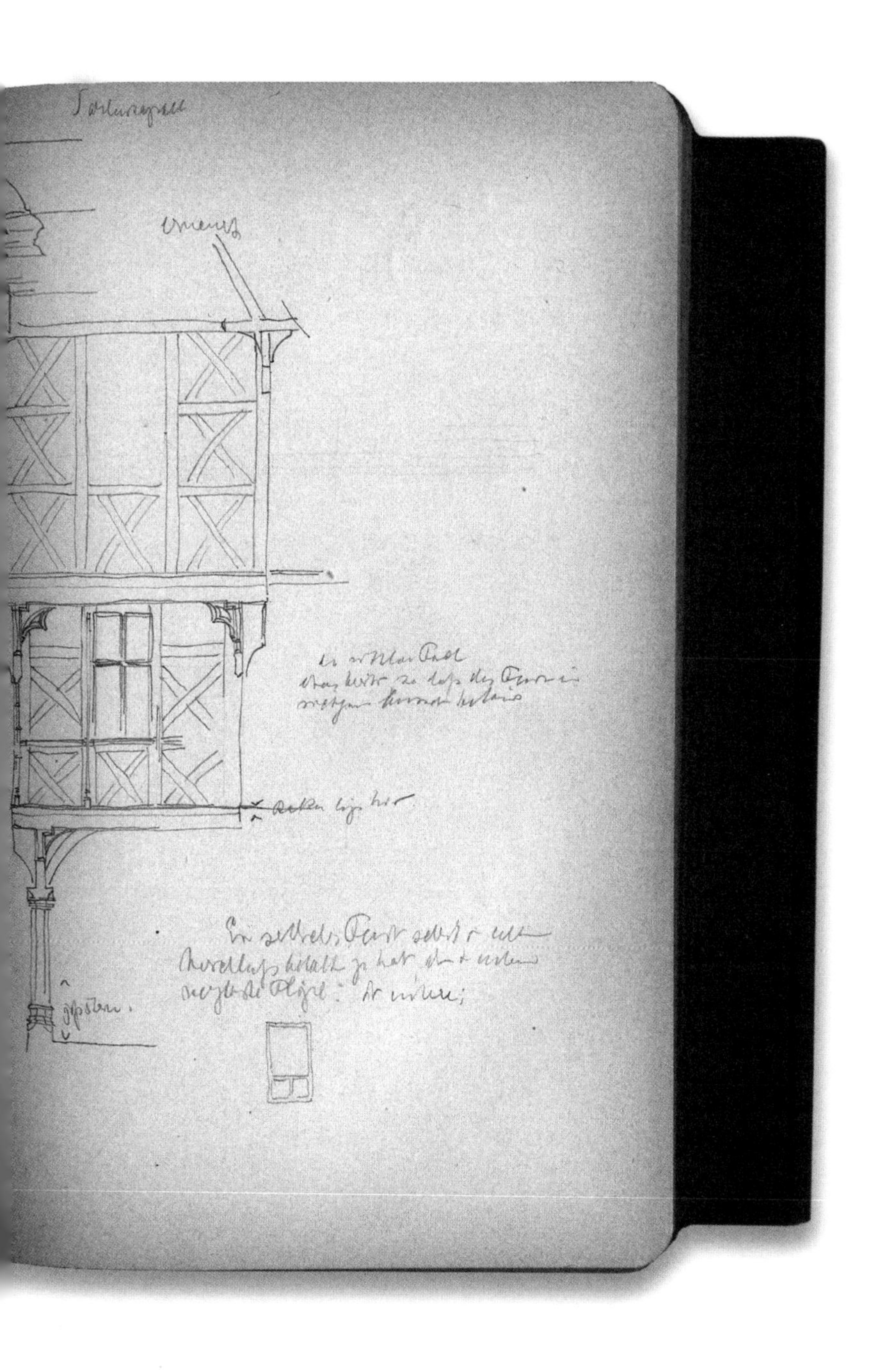

Abb. 1 Château Pirou in Thiers, Skizzenbuch XVII

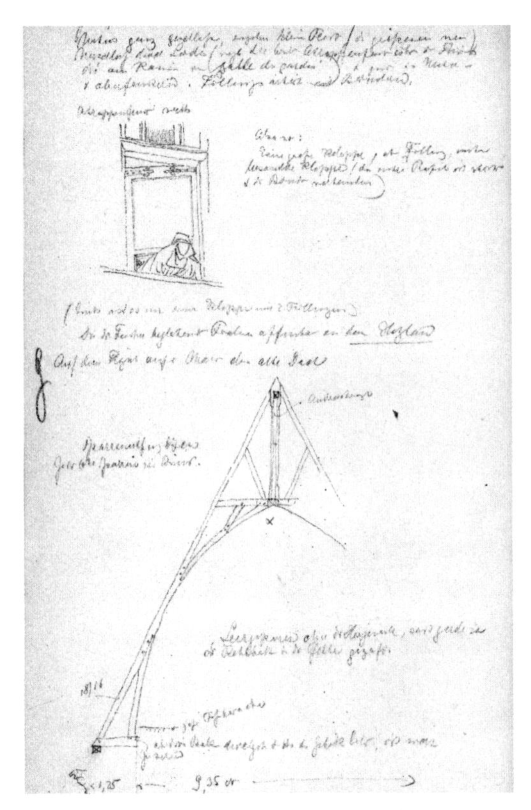

Abb. 2 Haus Jacques Coeur in Bourges, Klappenfenster und Dachstuhl, Skizzenbuch XIX

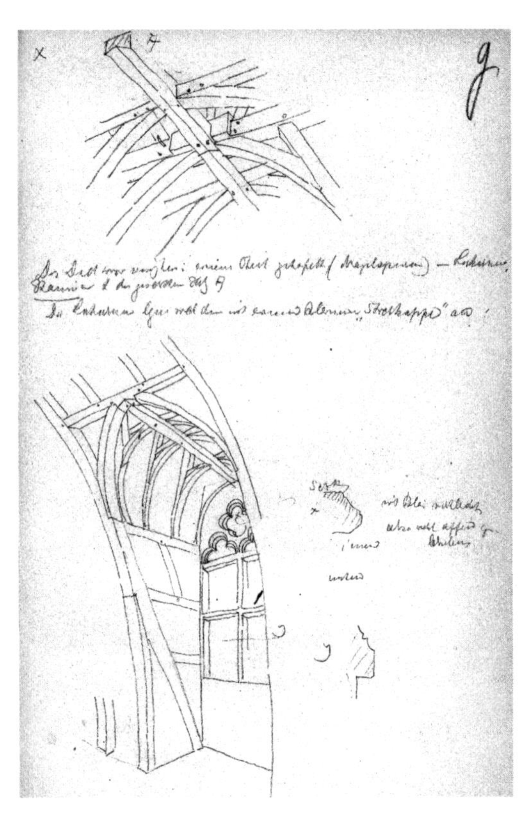

Abb. 3 Haus Jacques Coeur in Bourges, Überwölbung des Dachraums und der Fensternischen , Skizzenbuch XIX

vorzügliche Aufnahmen von allen Teilen der Bauwerke gefertigt und zwar in einer so systematischen [...] Art, daß der Verfasser von den Bauwerken, die er darstellt, nicht nur einen flüchtigen Eindruck, sondern eine eindringliche Kenntnis genommen haben muß.«[4]

Diese Konturen lassen sich noch schärfen, wenn man Ostendorfs Skizzenbücher neben diejenigen anderer Schüler Carl Schäfers legt, etwa mit denen von Carl Anton Meckel vergleicht. Dieser verhält sich von Beginn an künstlerischer, ja genialischer als Ostendorf. Er benutzt einen weicheren Bleistift und arbeitet damit zugleich schematischer und spontaner; 1895 schraffiert er sogar seine Motive, vorzugsweise Marburger Fachwerk, in immer gleicher Richtung und führt den Stift mit spürbarem, fast obsessivem Spaß an der Bewegung hin und her.[5] Wenn Meckel in Orten wie Gengenbach die idyllischen Ensembles aufspürt,[6] bringt Ostendorf zur gleichen Zeit von dort Einzelteile mit, etwa einen Pfeiler oder ein Geländer.[7] Selbst Motive mit ausdrücklich malerischem oder gar romantischem Potenzial gibt er betont undramatisch und sachlich wieder, so zwei der bereits der Renaissance Frankreichs zugeschriebene Fachwerkhäuser, das Château de Pirou in Thiers Abb. 1 oder in Avallon ein namenloses Haus vis-à-vis der bekannteren Maison des Sires de Domecy; er zeigt es nur als Fassade, nicht als Teil der pittoresken Szenerie zwischen Uhrturm und Kirche St. Lazare.[8]

Ostendorf ringt sichtlich um das Verständnis jedes Gebäudes; ob er Grundrisse oder Fassaden zeichnet, sucht er in erster Linie nach der inneren

Logik, welche allem seinen Platz zuweist. Wo er die Perspektive anwendet, dient sie ihm gleichfalls zur Verdeutlichung: von Räumlichkeit und Körperlichkeit und vor allem der Konstruktion. Es spiegelt sich dies bis in die Details hinein wider; ihnen gilt ein spezielles Interesse Ostendorfs, denn an ihnen lässt sich das Funktionieren eines Gebäudes im Kleinen studieren. Deshalb bevorzugt er von Anfang seiner Aufzeichnungen an den Schnitt als Darstellungsform. Ostendorf schaut in das Gebäude hinein, ja seziert es regelrecht. Wie in einer Tomographie zerlegt er beispielsweise 1901 das Steinerne Haus in Frankfurt aus den Jahren nach 1464 auf mehreren Seiten in horizontale und vertikale Ebenen. Obendrein rekonstruiert er die veränderte Erdgeschosszone und die verlorenen Zinnen, noch bevor dies 1907 Franz von Hoven wirklich tat, und konsequenter. Die Darstellung der Dachstühle in immer wieder neuer Trigonometrie, welche er in seiner »*Geschichte des Dachwerks*« zum Thema machte und in seinen Skizzenbüchern bereits sammelte, erscheint so nur als eine Spielart der sezierenden Gebäudeanalyse.

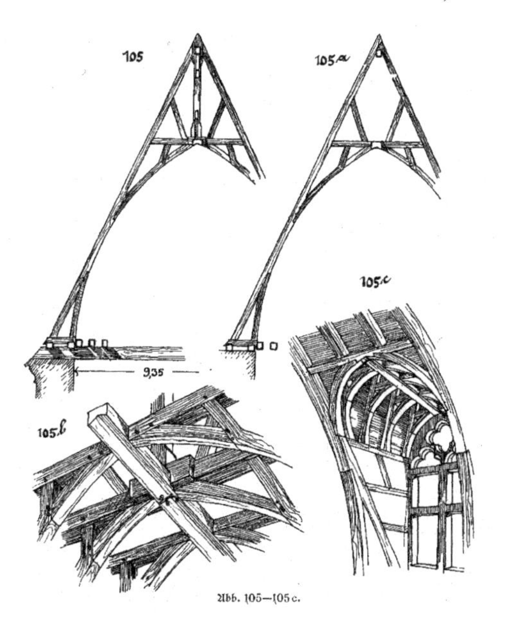

Dieselben Schwerpunkte und Vorlieben leiten Ostendorf schließlich auch bei seinen Veröffentlichungen, für welche die Skizzenbücher Material und Argumentationshilfe bereithielten und sich direkt einsetzen ließen, als sei die Präzision bereits auf den Abdruck gezielt gewesen. Dies gilt für Türschlösser[9] oder den »*Verschluß des Profanfensters im Mittelalter*«[10] ebenso wie für »*eine eigentümliche Art der Dachbildung romanischer Kirchen in Deutschland*«,[11] wo wir mehrere Skizzen in vereinfachter, druckfähiger Form wiederfinden, etwa von der Hersfelder Kirchenruine oder der Burg Landeck in der Pfalz.[12] An anderer Stelle, nämlich in einer von Ostendorfs Baukritiken, erhalten wir überraschend die Bestätigung für unsere Interpretation der Skizzenbücher. Denn am neuen Rathaus für Duisburg bemängelte er, dass all die Details nicht mehr im organischen Zusammenhang stünden, sondern dekorativ zweckentfremdet worden seien – eben solche Details also, von denen man annehmen kann, dass sie ihrerseits eine Begründung in Skizzenbüchern und intensiven Recherchen fanden, denjenigen nämlich des Architekten, in diesem Fall des Karlsruhers Friedrich Ratzel (1869–1907).[13]

Noch weitaus umfassenderes Material lieferten die Skizzenbücher für das Kompendium über »*Die Geschichte des Dachwerks*«, ja bildeten im Wesentlichen dessen Grundlage Abb. 2–4 . So lassen sich hierüber unbeschriftete Skizzen identifizieren, darunter der Dom in Marienwerder.[14] Andere Vorlagen hingegen fehlen in den Skizzenbüchern, etwa der Dachstuhl der Kathedrale St. Etienne von Bourges. Man müsste also davon ausgehen, dass just dieses Skizzenbuch überhaupt verschwand – oder dass sich Ostendorf selbst an Orten, welche er nachweislich besuchte, ander-

Abb. 4 Konstruktion von Dachstuhl und Holzgewölbe im Haus Jacques Coeur in Bourges

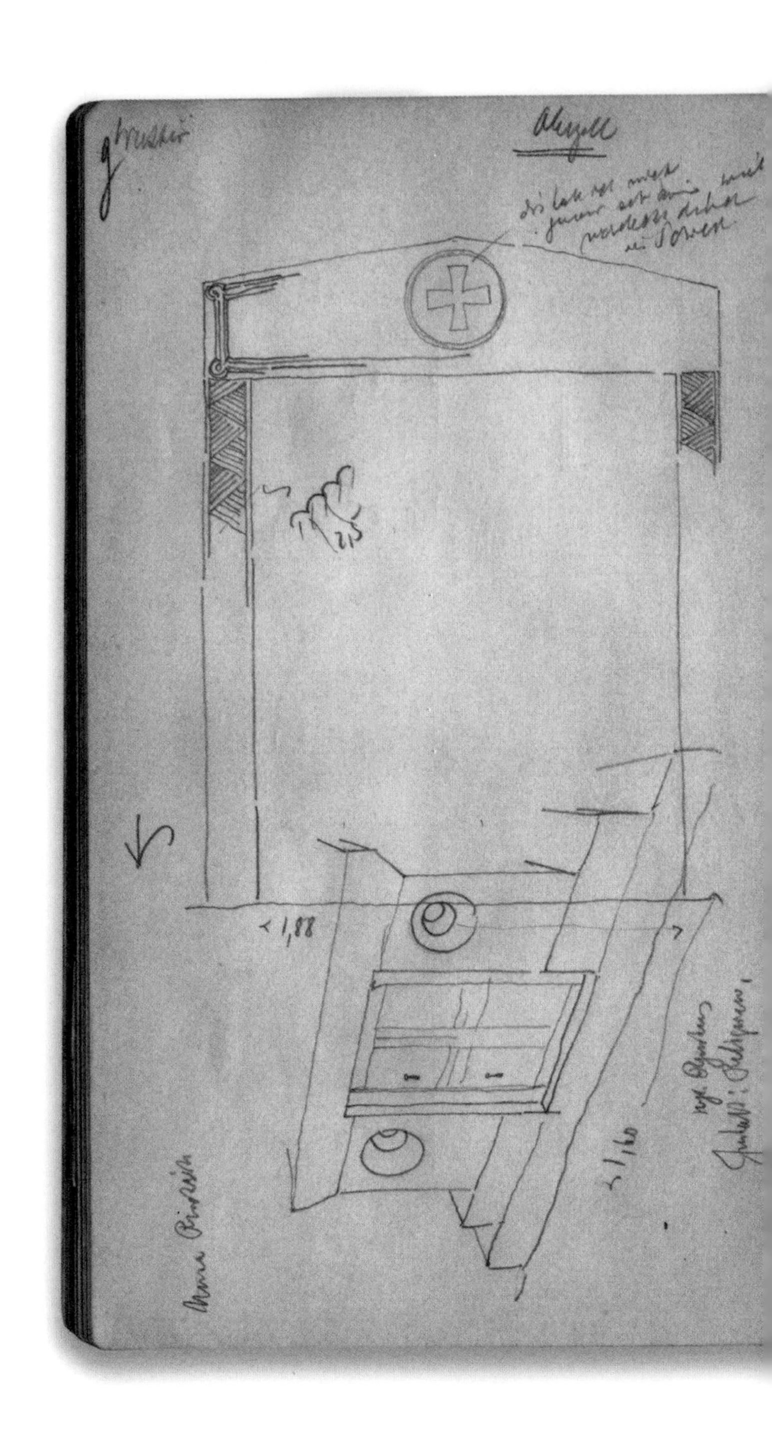

Abb. 5 Stiftskirche St. Georg in Reichenau-Oberzell, Portal und Fenster, Skizzenbuch XXXVII

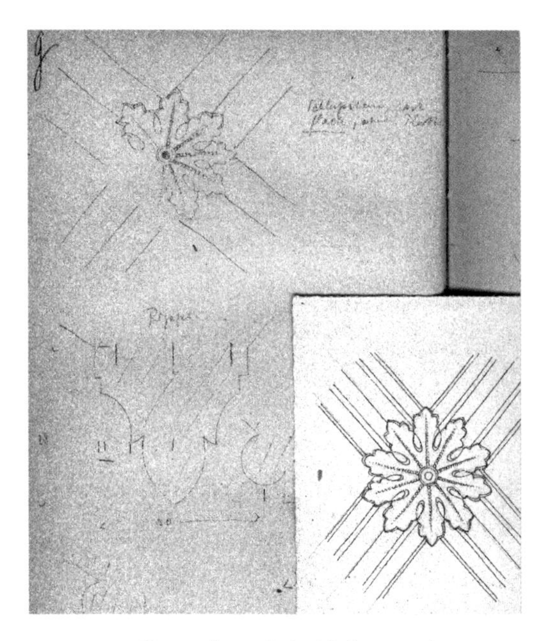

weitig zur Darstellung behalf. So erwähnt er ja überhaupt auch Walter Sackur als Quelle, und es galt ja ohnehin für Orte, die er nicht persönlich in Augenschein genommen hatte, etwa in Norwegen. Selbst noch für das oft übersehene Buch »*Deutsche Baukunst im Mittelalter*«, das einige seiner Schüler 1922 herausgaben, mussten die Skizzen nur umgezeichnet und neu zusammengestellt werden Abb. 5 .[15] Anderes wurde vorbereitet, jedoch nicht verwendet, weshalb die Umzeichnungen im Skizzenbuch liegenblieben, nämlich diejenige eines »*Schlußstein, fast flach, ohne Platten*« aus S. Maria Lyskirchen in Köln sowie gleich folgend eine Dienst-Konsole Abb. 6 .[16] Deutet sich hierin bereits an, dass sich Ostendorfs Blick auf die Architektur von ihren mittelalterlichen Ursprüngen her mit seinem Wechsel nach Karlsruhe nicht unumkehrbar wendete und selbst mit seinem Tod kein Ende fand, so verschwimmt beim Blick in die Skizzenbücher diese Grenze vollständig. Aus deren Befunden heraus lässt sich ein scharfer Bruch mit der Berufung nach Karlsruhe nicht bestätigen oder konstruieren. Wie sonst könnten wir in einem Skizzenbuch, das wir sicher seiner Zeit in Danzig zuordnen können, bereits die eingehende Auseinandersetzung mit dem Barock entdecken? Schloss Finckenstein in Westpreußen, das er durch Skizzen und Photographien dokumentiert,[17] nimmt sein architektonisches Ideal des mehrräumigen Baus erstaunlich genau vorweg, welches sein Haupt-Argumentationsmuster in den »*Sechs Büchern vom Bauen*« bildet und sich etwa am Haus Krehl in Heidelberg konkretisierte Abb. 7 . Andererseits setzte sich sein Interesse an mittelalterlicher Architektur, konkret an deren Dachstühlen, ungebrochen bis in jene späten Skizzenbücher fort, welche frühestens 1910 entstanden sein können – also selbst noch weit bis nach dem Erscheinen des Buches über die Dachwerke hinaus.

Selbst wenn barocke oder klassizistische Bauwerke sie nur als Statisten bevölkern und immer wie die Ausnahme erscheinen, zeigen Ostendorfs Skizzenbücher noch einmal in ihrer Unmittelbarkeit, dass diese Frage nach Stilepochen und -begriffen ohnehin am Charakteristikum von Ostendorfs Theorie vorbeizielt.[18] Er konnte die Körperlichkeit, die Räumlichkeit und die Sachlichkeit von Architektur ebenso in den mittelalterlichen Objekten entdecken wie in barocken oder klassizistischen. So beweist er auch in seinen Skizzenbüchern hinlänglich und ebenso überzeugend wie in den »*Sechs Büchern*«, dass ihn nicht das fertige, malerische Bild interessierte, sondern dessen Grundlage, d. i. der Raum und überhaupt der innere Zusammenhang, mithin etwas, was mit der Verengung auf die Konstruktion nur höchst unzureichend, ›modernistisch‹ beschrieben wäre. Darin war er zwar kein Modernist, aber gewiss ein Moderner, so unmodern auch seine Motive nach konventioneller Deutung erscheinen mögen.

Abb. 6 St. Maria Lyskirchen in Köln, Schlussstein, Skizzenbuch XIII, mit einliegender Umzeichnung

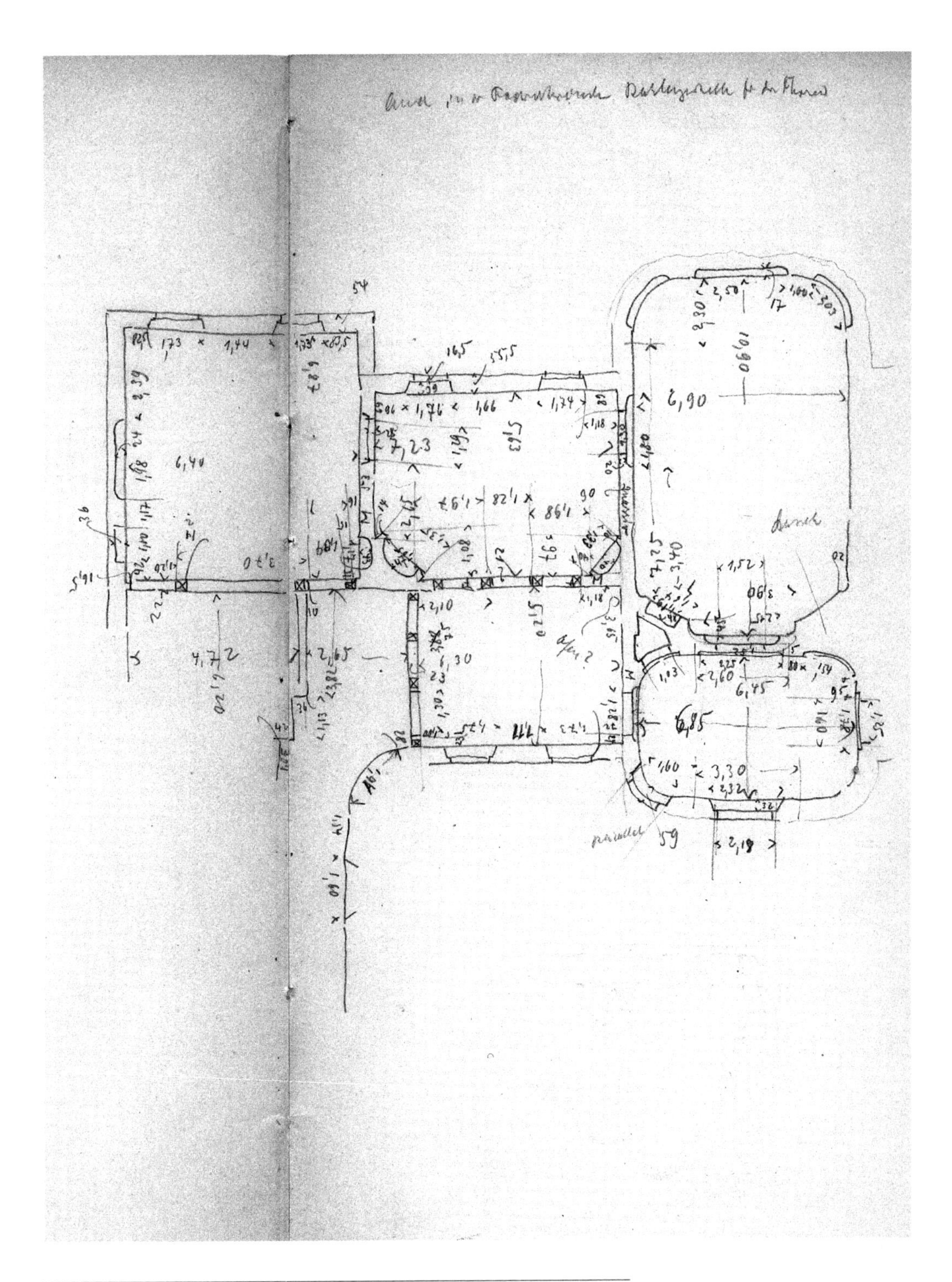

Abb. 7 Grundriss des Schlosses Finckenstein in Westpreußen, Skizzenbuch XXIII

Anmerkungen

1 Archiv gta, ETH Zürich, KM-1915-TGB-11, Nachlass Karl Moser.
2 Julia Hauch, Friedrich Ostendorf (1871–1915). Architektonisches Werk, architekturgeschichtliche und theoretische Schriften, Diss. Mainz 1995, S. 52–53.
3 saai, Universität Karlsruhe, Bestand Friedrich Ostendorf, Skizzenbücher XXIII; XIX »Paris Bordeaux Angoulème Troyes Beaune Dijon Vezelay Pontaubert Saulieu Autun Cluny Bourges Chartres Angers Rouen Beauvais Reims 1902«.
4 Zitiert nach Hauch 1995, wie Anm. 2, S. 79.
5 saai, Universität Karlsruhe, Bestand Carl Anton Meckel Skizzenbuch 4.
6 saai, Universität Karlsruhe, Bestand Carl Anton Meckel Skizzenbuch 1.
7 saai, Universität Karlsruhe, Bestand Friedrich Ostendorf, Skizzenbuch II »Karlsruhe Süddeutschl. Maulbronn Worms Bruchsal Freiburg Basel Gengenbach 1895 Köln 1897«.
8 saai, Universität Karlsruhe, Bestand Friedrich Ostendorf, Skizzenbuch XVII »Süd-Frankreich Avallon-Limoges 1902«.
9 Friedrich Ostendorf, »Türschlösser der romanischen Zeit«, in: Zentralblatt der Bauverwaltung, 22. Jg. (1902), S. 185–189.
10 Friedrich Ostendorf, »Über den Verschluß des Profanfensters im Mittelalter«, in: Zentralblatt der Bauverwaltung, 21. Jg. (1901), S. 177–180 und 187–207.
11 Friedrich Ostendorf, »Eine eigentümliche Art der Dachbildung romanischer Kirchen in Deutschland«, in: Die Denkmalpflege, 6. Jg. (1904), S. 72/73.
12 saai, Universität Karlsruhe, Bestand Friedrich Ostendorf, Skizzenbuch XI »Meissen Leipzig Erfurt Hersfeld Marburg Runkel Kaiserswerth Mark Brandenburg Nauheim – Hessen Frankfurt 1901 Schwerte Köln 1900 Köln 1902«
13 Friedrich Ostendorf, »Das neue Rathaus in Duisburg«, in: Zentralblatt der Bauverwaltung, 23. Jg. (1903), S. 14–17 und 29–31.
14 saai, Universität Karlsruhe, Bestand Friedrich Ostendorf, Skizzenbuch XXXXII.
15 Die deutsche Baukunst im Mittelalter. Band 1. Aufnahme und Differenzierung der Bautypen. Aus seinem Nachlass herausgegeben von Hermann Alker, Otto Gruber, Hans Hauser und Hans Detlev Rösiger, Berlin 1922.
16 saai, Universität Karlsruhe, Bestand Friedrich Ostendorf, Skizzenbuch XIII »Berlin Stoffsammlung Goslar Hildesheim Andernach Rheinland 1895 Soest Paderborn Köln 1897 Trier Mosel u. Saarthal 1898 Münden Witzenhausen Duderstadt Osterode Gandersheim 1899 Brandenburg Prenzlau Ratzeburg Mölln Stendal Tangermünde 1900«.
17 saai, Universität Karlsruhe, Bestand Friedrich Ostendorf, Skizzenbuch XXIII.
18 Ulrich Maximilian Schumann, »Territorien traditionalistischen Bauens«, in: Kai Krauskopf, Hans-Georg Lippert und Kerstin Zaschke (Hrsg.), Neue Tradition. Konzepte einer antimodernen Moderne in Deutschland von 1920 bis 1960, Dresden 2009, S. 41–67, insbesondere ab S. 55.

Thomas Eißing

Genesevorstellungen in Ostendorfs Dachwerkbuch zu offenen und sichtbaren Dachstühlen und Holztonnen

»*Die Geschichte des Dachwerks*«[1] von Friedrich Ostendorf ist für jeden Haus- und Bauforscher eine grundlegende Lektüre. Kein Überblickswerk, keine Dissertation, die sich mit historischen Holztragwerken auseinandersetzt, wird darauf verzichten können, »*Die Geschichte des Dachwerks*« zu zitieren. Ein Buch, vor hundert Jahren erschienen und immer noch Bestandteil der aktuellen Forschungsdiskussion – allein dieser Umstand sollte Anlass für eine Auseinandersetzung mit seinem Inhalt sein. Dieser Beitrag möchte sich mit einem bestimmten Gedanken Ostendorfs, der hier so benannten Genesevorstellung zu offenen Dachstühlen und Holztonnen, auseinandersetzten. Wenngleich der Fokus auf dieser Entwicklungstheorie liegt, sollen vorab einige Bemerkungen zum Buch selbst, seiner Struktur und Systematik vorangestellt werden, denn die Bedeutung der Genesevorstellung wird nicht zuletzt in der Gliederung und der Benennung der Kapitel deutlich.

Das 1908 erschienene und 269 Seiten umfassende Buch ist in sieben Kapitel untergliedert. 364 Abbildungen veranschaulichen den Text. Die Seiten sind eng beschrieben und mit wenigen Absätzen unterteilt. Weder gibt es ein Register noch Bildunterschriften, sondern nur Nummern, so dass man die Gebäudeverortung über die Abbildungsnummer im Text erfragen muss. Ein wissenschaftlicher Apparat fehlt, lediglich einige Fußnoten weisen auf hinzugezogene Literatur hin. Diese Mängel wurden schon von Bergner in einer Rezension von 1909 angemerkt.[2] Ostendorf selbst hat jedoch schon im Vorwort das eher Zufällige der Objektauswahl hervorgehoben: »*Ich bin nie mit der Absicht ausgezogen, Dachwerke zu studieren, sondern habe sie nur da, wo sie an meinem Wege lagen untersucht und oft auch gezeichnet*«.[3] Diese schlichte Feststellung mag vielleicht noch für die formalen Defizite als Erklärung dienen, für die ernorme Anzahl der detailliert vorgestellten oder vergleichend erwähnten knapp 1200 Dachkonstruktionen ist dies eine offensichtliche Untertreibung. Über die Bedeutung und Stellung des Buches war sich Ostendorf dennoch im Klaren. So formulierte er: »*Zum ersten Mal soll hier der Versuch gemacht werden, die vielfachen Konstruktionsarten des Dachwerks in ihrem Zusammenhang zu betrachten und aus älteren Bautraditionen abzuleiten*«[4]. Das Prinzip der Sammlung und Sortierung von Phänomenen stellt damit die wesentliche methodische Grundlage dar. Das Forschungsziel wird mit dem Aufzeigen der Abstammung der konstruktiven Phänomene aus älteren Bautraditionen formuliert, mit der Erklärung, die schon für den Hausbau zum damaligen Zeitpunkt angenommenen stammesbezogenen Konstruktionsweisen auch für die Dachwerke aufzeigen zu können. Das Interesse am Nachweis einer solchen Entwicklungslinie ist Ostendorfs Lehrer Carl Schäfer (1844–1908) geschuldet. Ihm ist »*Die Geschichte des Dachwerks*« gewidmet, ihn bezeichnete Ostendorf als »*verehrten Lehrer*«. Schäfer, der mit seiner zwischen 1883 und 1888 erschienenen »*Holzarchitek-*

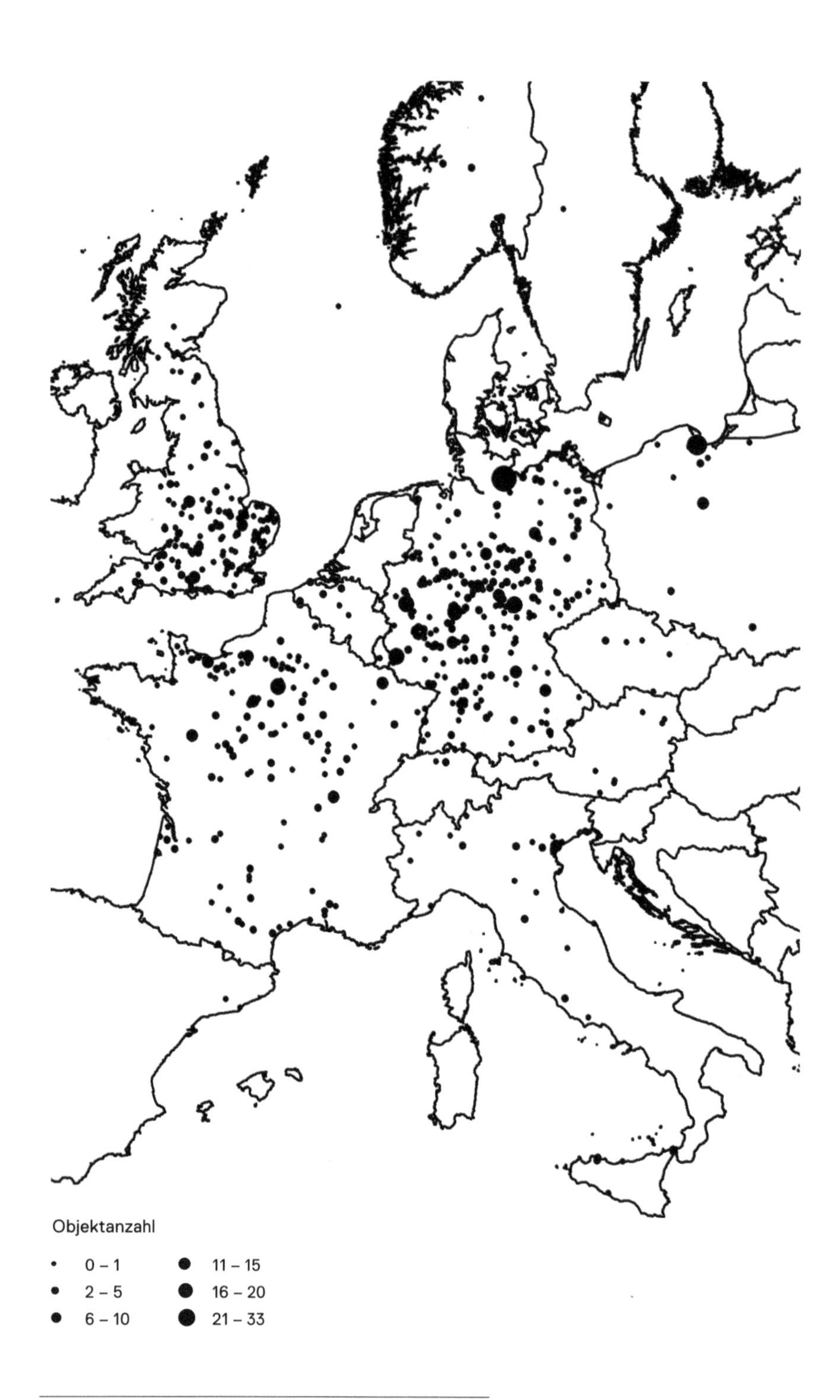

Abb. 1 Karte mit den von Ostendorf genannten Objekten

tur Deutschlands«[5] die verschiedenen Holzbauweisen auf unterschiedliche Bautraditionen der germanischen Stämme zurückführte, bezeichnete die Holzbauweisen entsprechend der germanischen Stämme als alemannisch, fränkisch oder sächsisch.[6] Die Bedeutung der Stammestheorie und ihre problematische Anwendung soll im Folgenden am Beispiel der sichtbaren und offenen Dachwerke deutlich gemacht werden. Vorangestellt werden zunächst ein kurzer Abriss über die Objektauswahl und eine kartographische Verortung der von Ostendorf untersuchten Objekte.

Das empirische Vorgehen Ostendorfs

Die Karte Abb. 1 zeigt die Orte mit Dachwerken, die Ostendorf in seiner »*Geschichte des Dachwerks*« erwähnte. Insgesamt sind etwa 1100 Objekte aufgeführt. Die Größe der Punkte auf der Karte zeigt an, wie viele unterschiedliche Objekte in einem Ort von Ostendorf aufgenommen oder genannt wurden. Die Objekte sind nicht alle von ihm selbst begangen worden. Von den 364 Abbildungen stammen etwa 300 von Ostendorf selbst.[7]

Beispiele aus 16 Ländern wurden von ihm zusammengestellt. Der Schwerpunkt liegt mit 512 Objekten auf dem Gebiet der heutigen Bundesrepublik, etwa je 250 Dachwerke wurden aus Frankreich und England benannt. Italien und Polen (das damalige Ostpreußen) sind mit jeweils gut 40 Beispielen vertreten. Norwegen, Österreich und Tschechien sind mit jeweils etwa zehn, Spanien und die Niederlande nur mit weniger als fünf Objekten repräsentiert. Die Orte wurden, soweit die Ortsnamen mit heutigen Namen identifiziert werden konnten, den zurzeit gültigen Staatsgrenzen zugeordnet. Die von Ostendorf genannten Dachwerke stammen aus drei verschiedenen Quellen. Die wichtigste Quelle stellen die Dachwerke dar, die Ostendorf selbst auf seinen Studienreisen besuchen und zeichnen konnte. Neben den von ihm selbst angefertigten Skizzen gab Ostendorf Übernahmen aus der Literatur an, ferner wurden Aufmaße und Hinweise von Kollegen aus den Baudirektionen übernommen.[8] So stammt zum Beispiel die Abbildung des Turmhelms von Neustadt/Hessen auf dem Einband von Dauber.[9] Auch kommt es vor, dass Bauaufnahmen im Auftrag von Ostendorf im Rahmen von Studienreisen durchgeführt wurden.[10]

Studienreisen

Nachdem Ostendorf 1899 das Zweite Staatsexamen abgelegt und für seine Abschlussarbeit den Schinkelpreis bekommen hatte, konnte er mehrmonatige Studienreisen unternehmen. Die erste führte ihn 1899 nach Süddeutschland, in das Elsass und nach Italien.[11] Auch die zweite Reise von Januar bis Mitte Mai 1900 hatte Italien zum Ziel: Verona, Vicenza, Venedig, Bologna, Ravenna und Neapel waren neben anderen die aufgesuchten Orte.[12] 1901 folgte die dritte Reise. Sie führte nach Frankreich: ins Burgund, nach Cluny, Beaune, Tonnerre, in die Île de France, die Champagne und die Normandie.[13] Als Dokumentation dieser Studienreisen legte Ostendorf Skizzenbücher an; insgesamt sind 65 Stück erhalten. Diese Skizzenbücher galten als Nachweis für den Studienfleiß auf den Reisen und mussten dem Ministerium vorgelegt werden. Umgezeichnete Skizzen aus diesen Büchern bilden das grafische Fundament der »*Geschichte des Dachwerks*«. Neben den Studienreisen waren die Stationen seiner beruflichen Tätigkeit zwischen Karlsruhe, Marburg und Danzig Anlass, Dachwerke der Mosel-Rhein-Region, Hessens und Thüringens zu besuchen.

Übernahmen aus der Literatur

Die englischen Dachwerke wird Ostendorf nach seinen biographischen Daten nicht systematisch besucht haben. Julia Hauch weist keine längeren Studienreisen Ostendorfs nach England nach.[14] Dies entspricht den vielen Fußnoten und Verweisen auf englische Literatur im Kapitel »*Sichtbares Dachwerk in England*«.[15] Hier werden Pugins »*Specimens*«,[16] Fletchers »*History of architecture*«,[17] Bonds »*Gothic Architecture*« von 1905[18] und vor allem Raphael und J. Arthur Brandons »*Open timber roofs of the middle ages*« von 1849[19] genannt. Ebenfalls erwähnt[20] wird Dollmann und Jobins »*Analysis of ancient domestic architecture*«.[21] Doch einige englische Dachwerke muss Ostendorf auch aus eigener Anschauung gekannt haben, worauf der Zusatz »*und eigene Aufnahme*« verweist.[22] Auch die norwegischen Beispiele stammen aus der Literatur, nämlich der »*Holzbaukunst Norwegens*« von Dietrichson und Munthe.[23] Ferner zitierte er häufig die »*Zeitschrift für Bauwesen*« oder die gerade erschienen Kunstdenkmalinventare (z. B. Hohenzollern,[24] Baden,[25] Sachsen[26] und andere).

Vergleicht man nun die Punktverteilung auf der Karte, erkennt man Regionen mit hoher Punktdichte und fast weiße Flecken. Dänemark, die Niederlande, aber auch die Schweiz und Österreich sind gemessen am überkommenen Dachwerkbestand bei weitem nicht repräsentativ erfasst. Besonders auffällig ist, dass trotz der vielen Studienreisen nach Italien dort nur verhältnismäßig wenige Dächer aufgenommen wurden. Dies mag mit der geringeren konstruktiven Vielfalt der italienischen Dachwerke zusammenhängen und mit dem Umstand, dass die Studienreisen eher dem antiken Steinbau und den Monumenten der Renaissance galten.

Die Gliederung

Die Zeichnungen aus den Skizzenbüchern und die Beispiele aus der Literatur wurden nach bestimmten Phänomenen sortiert. Die inhaltliche Struktur lässt sich am besten an der Gliederung ablesen. Nach der Einleitung als dem ersten Kapitel folgen sechs weitere:

»*Zweites Kapitel: Das germanische Kehlbalkendachwerk*«

»*Drittes Kapitel: Die Pfettendachwerke römischer und germanischer Art*«

»*Viertes Kapitel: Die sichtbaren und offenen Dachwerke römischer und germanischer Art*«

»*Fünftes Kapitel: Die Konstruktion der Pult,- Walm- und Zeltdächer*«

»*Sechstes Kapitel: Das Dachwerk der Turmhelme*«

und zuletzt »*Die Dachreiter*«.

Diese Hauptkapitel sind in bis zu neun Unterkapitel gegliedert, die jedoch nicht im Inhaltsverzeichnis, sondern nur in den Kopfzeilen der rechten (ungeraden) Seiten aufgeführt sind, während das Hauptkapitel immer in der Kopfzeile der jeweils linken Seite eingeschrieben ist.

Es lassen sich drei Gliederungsaspekte ablesen: Zum einen werden konstruktive Phänomene, wie das Kehlbalkendach und das Pfettendach, gegeneinander abgegrenzt. Der zweite Gliederungsaspekt ist an der äußeren Form oder der Kubatur der Dachwerke orientiert: Dies sind die Pult-, Walm- und Zeltdächer sowie die Turmhelme und Dachreiter. Ebenfalls an der räumlichen Gestalt ist die Unterscheidung von sichtbaren und offenen Dachwerken orientiert. Die Gliederungsaspekte nach der Konstruktion und nach der Form werden durch zwei Begriffe ergänzt und differenziert, die zunächst keinen konstruktiven Bezug aufweisen, sondern historisch-topographische Inhalte bezeichnen: römisch und germanisch. Bezeichnend ist, dass Ostendorf diese Begriffe nicht weiter erläuterte, sondern offensichtlich davon ausging, dass die Inhalte der Begriffe allgemein bekannt waren. Sie wurden im ersten Satz der Einleitung eingeführt: »*Zwei Quellen wird man für die Herleitung der Konstruktion des mittelalterlichen Dachwerkes annehmen müssen, eine germanische und eine römische.*«[27] So zentral und einleitend dieser Satz für das ganze Buch ist, so zentral ist der Gedanke, die konstruktiven Phänomene entsprechend der Stammestheorie zu trennen. Hier wurden nicht nur die germanischen Stämme, die ja nach Schäfer individuelle konstruktive Lösungen entwickelt haben, sondern noch eine Ebene darüber das Gesamtgermanische gegen das Römische gesetzt. Auch Carl Schäfer zog diese Trennung in Bezug auf den Hausbau. Er sah die Ursprünge des deutschen Hauses mit dem Werkstoff Holz verbunden und identifizierte den Holzbau mit den Germanen, den Steinbau dagegen mit den Römern.[28] Die Verknüpfung von Bauform und Region ist ein altes Interpretationsmuster, das schon Vitruv in seinen »*Zehn Büchern über Architektur*« ansprach. Vitruv leitete bestimmte Bauformen jedoch aus den unterschiedlichen Klimabedingungen und Rohstoffangeboten ab, zum Beispiel in Erklärungen für bestimmte Dachneigungen oder Dachdeckungen.[29] Die Übertragung von regionalen baulichen Unterschieden als Wesensmerkmale von Ethnien oder Stämmen kennzeichnet dagegen den wissenschaftlichen Diskurs in der zweiten Hälfte des 19. Jahrhunderts, nach den napoleonischen Kriegen. Das Suchen nach nationaler Identität in und mit Hilfe der Wissenschaft war jedoch nicht nur auf die Architektur beschränkt. Auch in der Sprachforschung, insbesondere der Ortsnamensforschung, wurde versucht, ursprüngliche Besiedlungskammern zu identifizieren.[30] Hier befinden sich Schäfer und Ostendorf in einem patriotisch ausgerichteten Umfeld. Ihnen voran gingen August Reichensperger, der 1845 die »*Christlich-germanische Baukunst*« vorlegte,[31] aber auch Georg Gottlob Ungewitter, der mit der Hervorhebung der Materialgerechtigkeit ein Wegbereiter der Holzbaurenaissance im 19. Jahrhundert wurde. Seine Vorlageblätter für Holzarbeiten, 1849–1851 als »*Gothische Holz-Architektur*« publiziert,[32] gaben den Architekten konkrete Planungszeichnungen zur Gestaltung von Erkern, Dachtürmen etc. an die Hand.[33] Allerdings sei erwähnt, dass nicht alle Publikationen der um die Jahrhundertwende weit verbreiteten Holzkonstruktionsforschung diese Richtung einschlugen. So finden wir weder in der 1887 erschienenen *Geschichte der Holzbaukunst* von Carl Lachner[34] noch im 1903 von Uhde publizierten *Der Holzbau*[35] eine explizit stammeskundliche Gliederung konstruktiver Phänomene. Ostendorf ist in dieser Hinsicht eindeutig positioniert: Er wollte konstruktive Entwicklungen historisch erklären, was ich im Folgenden an der Unterscheidung von sichtbaren und offenen Dachwerken nachzeichnen möchte.

Die Genese der Dachwerke: Das germanische Einraumhaus

Der Einleitung, zugleich das erste Kapitel, kommt zentrale Bedeutung zu. Hier wurde die grundlegende Vorstellung für die Entwicklung der Dachwerke beschrieben. Ostendorf führte die Vielfalt der mitteleuropäischen Dachkonstruktionen auf zwei Grundtypen zurück: das flache römische Pfettendach einerseits und das steile deckenlose Dach germanischer Prägung andererseits. Das germanische Dach ist, weil es ohne Decke zum eingeschossigen Unterbau ausgeführt wurde, ein

sichtbares Dach. Dies bezeichnete Ostendorf zugleich als urtümliches Haus. Weil – und dessen war sich Ostendorf bewusst – weder ein Dachwerk der römischen Zeit noch ein germanisches aus der Zeit vor der Völkerwanderung erhalten war, wandte er die Methode des Rückschlusses an. Er glaubte, dass wesentliche Merkmale der beiden Urtypen in den erhalten mittelalterlichen Dachwerken ablesbar sind. Das römische Dach ist flach geneigt und ebenfalls primär ohne Decke ausgebildet. Das entscheidende konstruktive Merkmal ist der Binder, der als geschlossenes Dreieck aus Streben, Zugbalken und bei größeren Spannweiten mit Hängestiel ausgebildet ist. Auf diesen liegen die Pfetten auf, die ihrerseits die Dachhaut tragen. Der Abstand der Binder beträgt 2,5 m bis 4 m. Die Binderkonstruktion des römischen Daches bleibt unabhängig von der Spannweite nahezu gleich. So ist es ebenfalls ein charakteristisches Merkmal der »*römischen*« Konstruktion, die Querschnitte der Hölzer proportional zu den Spannweiten zu erhöhen.

Auch das germanische Dach ist nach Ostendorf wie das römische zunächst ohne Decken ausgebildet worden. Der wesentliche Unterschied besteht in der Steilheit der Dachneigung. Nach Ostendorfs Vorstellung ist das Zeltdach der Köhlerhütte, ein Einraum mit zentralem Firstständer und schräg dagegen abgestützten Sparren, die Grundform, aus der sich die übrigen Dächer ent-

Abb. 2 Westfälische Ankerbalkengefüge

8

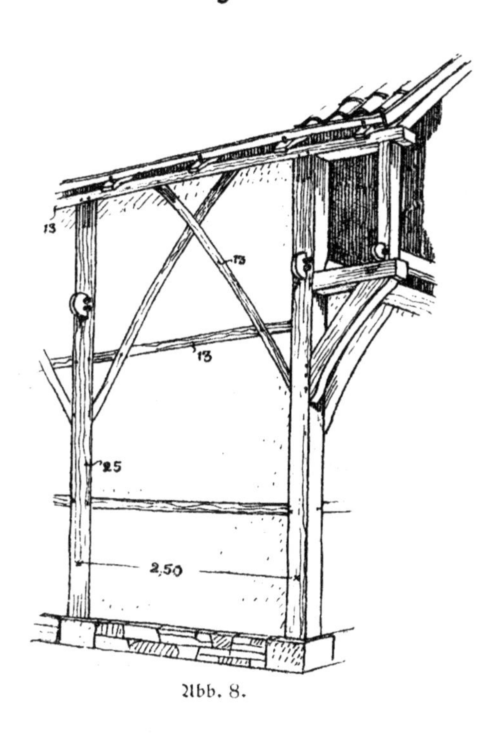

Abb. 8.

wickelt haben. Den nächsten Entwicklungsschritt stelle der Vollwalm dar. Dazu wird auf zwei Firstständern ein Firstbaum oder eine Firstpfette gelegt, an die sich die Sparren anlehnen können. Einen konstruktiv entscheidenden Schritt sah Ostendorf im Aufkommen des Satteldachs mit Steilgiebel. Nun fallen die Walmseiten weg und Firstständer- oder Pfosten sind konstruktiv nicht mehr notwendig. Übrig bleiben schiebende, im First sich gegenseitig stützende Sparrenpaare, die in regelmäßigen, nicht zu großen Abständen auf das Unterbaugerüst aufgesetzt sind. Weil die Räume weiterhin ohne Deckenverschluss zum Dach hin geöffnet sind, müssen die von den Sparren am Fußpunkt auftretenden Horizontalkräfte durch Ankerbalken aufgenommen werden. Damit werden die Ankerbalken in mittelalterlichen Hausgerüsten wie zum Beispiel die von Ostendorf aus Westfalen angeführten Beispiele zum entscheidenden Beleg für die skizzierte Entwicklung Abb. 2. Allerdings ist diese Annahme aufgrund des erhaltenen und dendrochronologisch datierten Bestandes inzwischen nicht mehr haltbar. So sind die Deckenbalkenzimmerungen die älteren, und die Ankerbalkenzimmerungen treten frühestens zeitgleich, wenn nicht später auf.[36] Für Ostendorf war die Ausbildung der Decke erst ein spätes Produkt in Zusammenhang mit der städtischen Verdichtung. Daher konnte er schlussfolgern: »*Daraus, dass diese Balkendecke nicht*

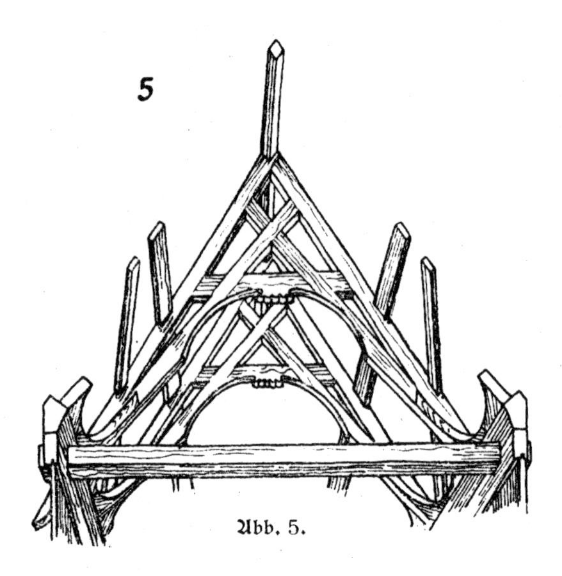

dem urtümlichen germanischen Haus angehört, dass sie erst später eingeführt wurde und zwar zu einer Zeit, wo die einzelnen Stämme schon begonnen hatten auf Grund der gemeingermanischen baulichen Überlieferung eine ihr eigentümliche Holzbauart auszubilden, erklärt sich einfach die Verschiedenheit ihrer Deckenkonstruktionen.«[37]

Damit ist das urtümliche Haus germanischer Prägung umrissen: Es besteht aus selbsttragenden steil aufgestellten Gespärren, weist keine Decke auf, und die Horizontalkräfte werden von Ankerbalken aufgenommen. Im Gegensatz dazu steht das flach geneigte römische Dach mit Bindergespärren in relativ weitem Abstand, die als unverschiebliches Dreieck ausgeführt sind und Längsträger (Pfetten) stützen, auf denen die Gespärre bzw. Rofen in den Ebenen ohne Binder aufliegen. Es ist ebenfalls ohne Decke konstruiert. So war der wesentliche Unterschied zwischen den »*germanischen*« und »*römischen*« Dächern für Ostendorf nicht das verschiedene Tragverhalten von Sparren- oder Rofen-Pfettendächern, sondern das Vorhandensein von Bindern beim römischen Dach, bzw. das Fehlen von Bindern beim germanischen Dach.

Im vierten Kapitel »*Sichtbare und offene Dachwerke römischer und germanischer Art*« versuchte Ostendorf, die mittelalterlichen Dachkonstruktionen auf diese beiden Grundtypen zurückzuführen.

Abb. 3 Norwegen, Dachwerk der Stabkirche Borgond

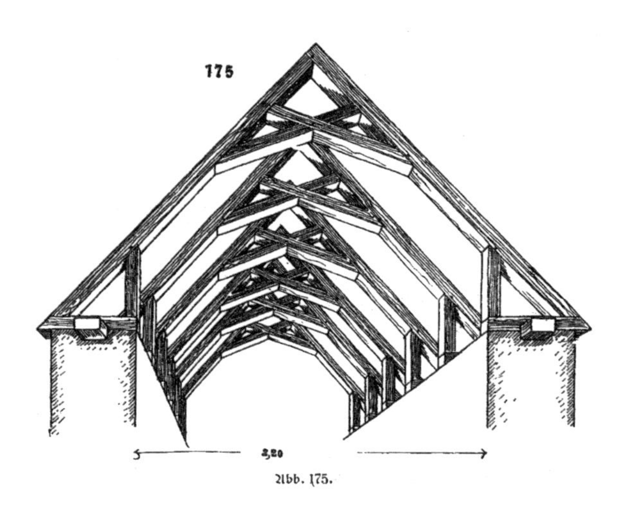

Am Beginn des Kapitels erläuterte er den Unterschied zwischen den sichtbaren und offenen Dachwerken. Während das sichtbare germanische Dach vor allem in Norwegen und England zu finden ist, ist in Frankreich und Deutschland das offene Dach vorherrschend. Offen meint nun, dass Schalungsbretter auf der Unterseite der Gespärre angeschlagen werden. Das auf diese Weise gebildete Gewölbe ist keine die Horizontalkräfte aufnehmende Deckenbalkenlage sondern spiegelt nach Ostendorf ebenfalls das urtümliche germanische Haus ohne Decken wider.
Zugleich ist mit den Germanen die Ausbreitungsrichtung des sichtbaren bzw. offenen germanischen Hauses vorgegeben: Von Skandinavien kommend setzte sich diese Tragwerkkonstruktion an der Nordküste von Frankreich fest, um von dort ab 1066 auch in England verbreiten zu werden. Aus diesem Grund nehmen die Dachwerke der Stabkirchen Norwegens einen so herausragenden Platz in der Argumentation Ostendorfs ein, weil dies die einzigen Dachgerüste sind, die im frühen 20. Jahrhundert einigermaßen zuverlässig in die Zeit um 1100 datiert und geographisch der germanischen Hemisphäre zugeordnet werden konnten. Dazu stellte Ostendorf das Dachwerk der Stabkirche in Borgond vor.[38] Es besteht aus schiebenden, mit Kreuzstreben verstärkten Kehlbalkengespärren, die direkt auf den Wandrähmen aufsitzen Abb. 3 . Der Anker-

Abb. 4 England, Stuston in Suffolk, Kirche

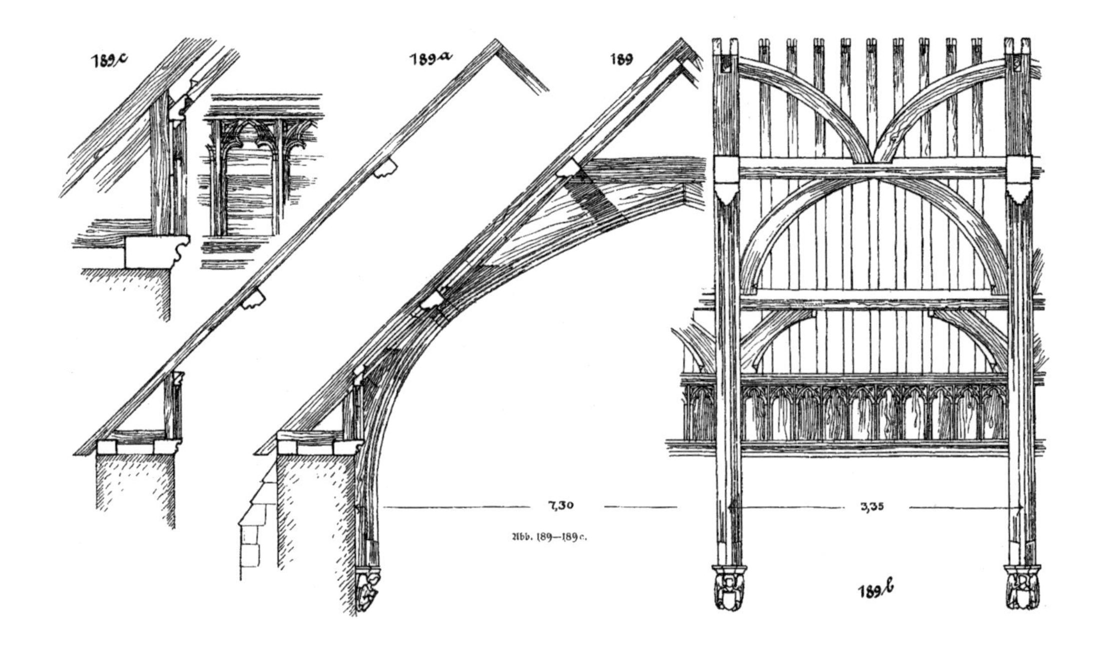

balken, der die Horizontalkräfte aufnimmt, ist unabhängig von der Fußpunktanbindung mit dem oberen Rähm und dem darunterliegenden zweiten Rähm verbunden. Auf den Gespärren liegen Längshölzer auf. Diese sind nach Ostendorf jedoch keine Pfetten, sondern die Unterlattung für die Brettschindeln. An diesem Beispiel wird deutlich, dass die Unterscheidung zwischen einem Binder mit Pfetten und gleichartigen Gespärren nicht immer eindeutig möglich und von der Dimensionierung der Lattung und dem Abstand der Gespärre abhängig ist. Dies sind damit relative Kriterien, die über eine Definition abgegrenzt werden müssen.

Mit der Eroberung Englands durch die Normannen muss entsprechend der Entwicklungsvorstellung das sichtbare und urtümliche Dach auch dort zu finden sein. Abgesehen davon, dass auch in England kein Dach vor 1100 nachgewiesen ist, konnte Ostendorf eine große Zahl von offenen Dächern anführen, die er der Publikation Brandons »*The open timber roofs*«[39] entnommen hatte. So lassen sich eine Reihe von kleineren Dachwerken wie das hier abgebildete über der Vorhalle der Kirche zu Stuston in Suffolk nachweisen, die ohne Decke und Spannbalken auskommen und aus gleichartigen Gespärren bestehen Abb. 4 . Die bis in den Dachfirst sichtbare Halle ist eine für England typische Haus- und Dachkonstruktion. Im Laufe des 14. und 15. Jahrhunderts traten Binderkonstruktionen auf, die Ostendorf als Pfettenkonstruktionen beschrieb. Diese weisen, wie das hier vorgestellte Beispiel aus dem Refektorium des Heilig-Kreuz-Hospitals in Winchester, Binder auf, die im Abstand von 3,35 m aufgestellt sind Abb. 5 . Zugbalken fehlen, und stark profilierte, spitzbogig ausgeformte Streben bilden das Traggerüst. Die Horizontalkräfte wer-

Abb. 5 England, Winchester, Heilig-Kreuz-Hospital

den möglichst tief unterhalb der Mauerkronen eingeleitet, so dass der oberhalb der Einleitungsstelle befindliche Mauerabschnitt als vertikale Auflast wie bei einer Fiale die Horizontalkräfte zum Teil kompensiert. Zusätzlich sind Strebepfeiler zur Stabilisierung vor die Wand gestellt worden. Zwischen die Streben in den Binderebenen sind horizontale Riegel gezapft, die nun die Sparren der Zwischengespärre unterstützen. Diese sind als zum Teil selbstständig tragende Gespärre ausgebildet, deren Fußpunkte mit Stummelbalken und Fußwinkelholz gesichert sind. Die Sparren liegen stumpf auf den Riegeln oder Pfetten auf. Die Pfetten oder Riegelpfetten verhindern das Durchbiegen der Sparren. Dadurch konnten Kehlbalken vermieden und der Eindruck einer großen Halle gesteigert werden. Wenngleich hier kein römischer Binder mit Zugstab/Hängestiel ausgebildet ist, musste Ostendorf erklären, warum ein vermeintlich germanisches Hausdach nun mit Konstruktionsmerkmalen des Pfettendaches auftritt. Er stellte dazu rhetorische Fragen: »*Woher stammen nun die Pfetten in diesem englischen Dachwerk? Sind sie etwa dem römischen Dach entnommen? Oder sind diese Pfetten den von den Gespärren des Dachwerkes der Stabkirchen getragenen Latten verwandt? Oder sind sie, ohne dass es einer Anregung von außen bedingt hätte, bei der Umwandlung des alten binderlosen Dachwerkes in eine Binderkonstruktion selbständig erfunden worden?*«[40] Im Text gab er völlig zu Recht der letzten Alternative seine Zustimmung. Zugleich war dies aber ein für die Nachweisbarkeit von elementaren, stammesgebundenen Grundkonstruktionen verheerendes Zugeständnis: Wenn entscheidende Tragwerkskonstruktionen durch Innovation gefunden wurden, konnten diese prinzipiell überall möglich sein. Noch schwieriger wird seine Argumentation bei den flach geneigten Pfettendächern, die sowohl als Plattform von englischen Türmen als auch bei flach geneigten Seitenschiffdächern, wie zum Beispiel über dem Seitenschiff von St. Thomas in Salisbury, zu finden sind Abb. 6. Hier wurden sogar horizontale Zugbalken abgebunden, die damit dem Grundtyp des so genannten römischen Dachwerkes entsprechen.

Nachdem Ostendorf den Bogen von Norwegen nach England geschlagen hatte, nahm er sich der zweiten Entwicklungslinie der sichtbaren und nun auch offenen Dachwerke an. Die sichtbaren und offenen Dachwerke Frankreichs und Deutschlands führte Ostendorf ebenfalls auf das urtümliche germanische Haus zurück. Zu den ältesten Konstruktionen dieser Art zählt das Dachwerk über dem Dormitorium der Zisterzienserabtei Fontenay um 1200 Abb. 7. Das Dachwerk besteht aus einzelnen Gespärren ohne integrierten Zugbalken. Ostendorf vermutete zwischen die Gespärre eingelegte Ankerbalken, die jedoch heute nicht mehr nachweisbar sind. Im First ist ein Längsverband eingestellt, der zugleich eine Binderkonstruktion darstellt. Bei großen offenen

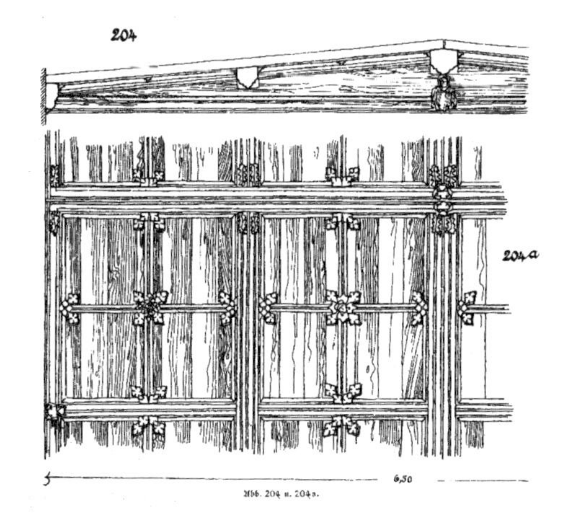

Abb. 6 England, Salisbury, St. Thomas-Kirche

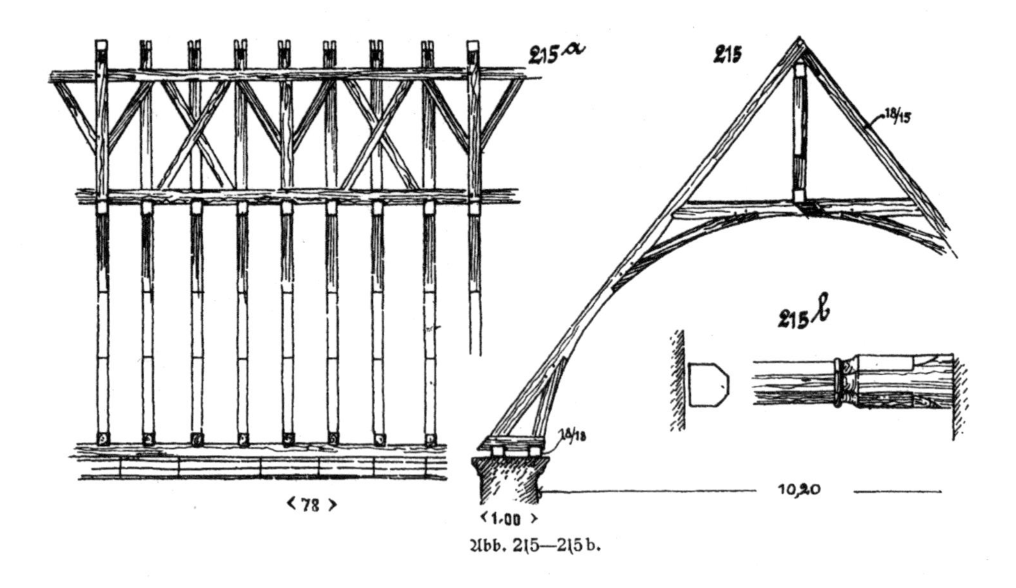

Dachwerken oder verschalten Holztonnengewölben, wie im über 18 m weit gespannten Saal der Hospitalkirche von Tonnerre aus dem späten 13. Jahrhundert, mussten Binderelemente eingebracht werden. Der Zugbalken wird von Hängestielen abgefangen, und stehende Stühle sind als weitere Binderkonstruktion eingestellt. Die schon vor 1300 vollzogene Integration von Binderelementen ist typisch für die französischen Holztonnenkonstruktionen. Zugleich wurden Holztonnen auch völlig ohne Binder- oder Ankerbalken errichtet. Verschalte wie unverschalte Tonnengerüste lassen sich in Frankreich in gleichem Maße finden. Von den im deutschsprachigen Raum erhaltenen offenen Dachwerke sind die meisten verschalt. Die wenigen sichtbaren Konstruktionen, wie die über Reichenau-Mittelzell (1235 +/-5) waren Ostendorf jedoch nicht bekannt. In der Regel sind die Holztonnen im deutschsprachigen Raum mit in den Gespärren eingelegten Zugbalken in weiten Abständen ausgebildet.

Auch in Italien stellte Ostendorf verschalte und damit offene Dachkonstruktionen fest. Weil diese wie in San Fermo/Padua, San Giacomo del Oro/Venedig oder wie das hier abgebildete Beispiel in San Zeno/Verona nach Ostendorf der Raumgestalt des »*urtümlichen germanischen Hauses*« entsprechen, musste er erklären, warum hier dennoch römische Binderkonstruktionen mit flacher Dachneigung ausgeführt wurden Abb. 8. Dazu stellte er fest: »*Dass es kaum zweifelhaft sein kann, dass diese offenen Dachwerke Italiens, deren älteste im 14. Jahrhundert entstanden sein mögen, auf germanischen Einfluß zurückzuführen sind, dass sie in Nachahmung der französisch-deutschen Holztonnen entstanden sind.*« [41]
Dass er hier ästhetisch wie konstruktiv völlig ver-

Abb. 7 Frankreich, Kloster Fontenay, Dachwerk des Dormitoriums

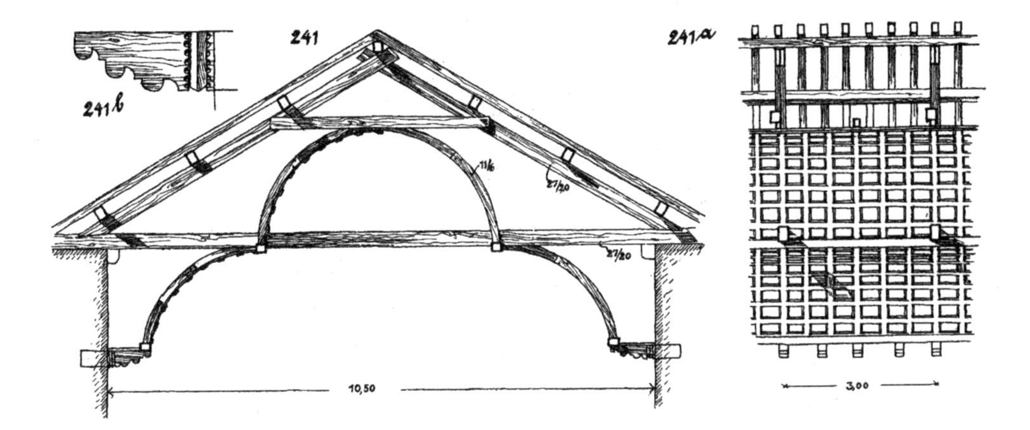

schiedene Phänomene in Abhängigkeit setzte, macht deutlich, dass der Versuch, die Vielfalt der Dachwerkvarianten aus nur zwei Grundtypen ableiten zu wollen, zu offensichtlichen Fehlschlüssen führte. Zumal er hier bei den italienischen Tragwerken einen diffusen germanischen Einfluss unterstellte, während er die Binder in den sichtbaren englischen Dachwerken als autonome Innovation verstanden wissen wollte. Die Unterstellung eines immanenten, quasi als Erbsubstanz in eine Bautradition eingeschriebenen Urtyps ist schon durch die von Ostendorf selbst angeführten Beispiele nicht belegbar. Schließlich, und das muss betont werden, hätte Ostendorf die Mühe der Sammlung und Sortierung der Dachwerke nicht auf sich genommen, wenn er nicht von dieser Hypothese angespornt worden wäre. Dass die verschalten offenen Dachwerke auch sehr viel schlichter erklärt werden können, hat Eugène Emanuel Violett-le-Duc formuliert. Er sah in diesen lediglich den »*billigen*« Ersatz für das Steingewölbe. Ostendorf zitierte den Einwand von Violett-le-Duc, um ihn mit dem nicht weiter begründeten Satz »*das ist gewiß nicht anzunehmen*« abzulehnen.[42] Zu sehr war er von der Brillanz seiner Entwicklungstheorie überzeugt. Dabei ist aus heutiger Sicht der Ansatz Violett-le-Ducs, nach den historisch relevanten Umständen zu fragen, in denen Konstruktionsinnovationen auftreten, sicher der weiterführende. Das »*billig*« ist dabei nicht abwertend zu verstehen. Es kann auch im Sinn von Zweckhaftigkeit, Effizienz oder angemessen verstanden werden.

Katrin Atzbach hat zu ihrer Dissertation über gotische Gewölbe in Utrecht, Gent und Brügge eine Verbreitungskarte von Holztonnengewölbe angefertigt.[43] Auch wenn diese Karte nur einen Zwischenstand und keine vollständige Kartie-

Abb. 8 Italien, Verona, San Zeno-Kirche

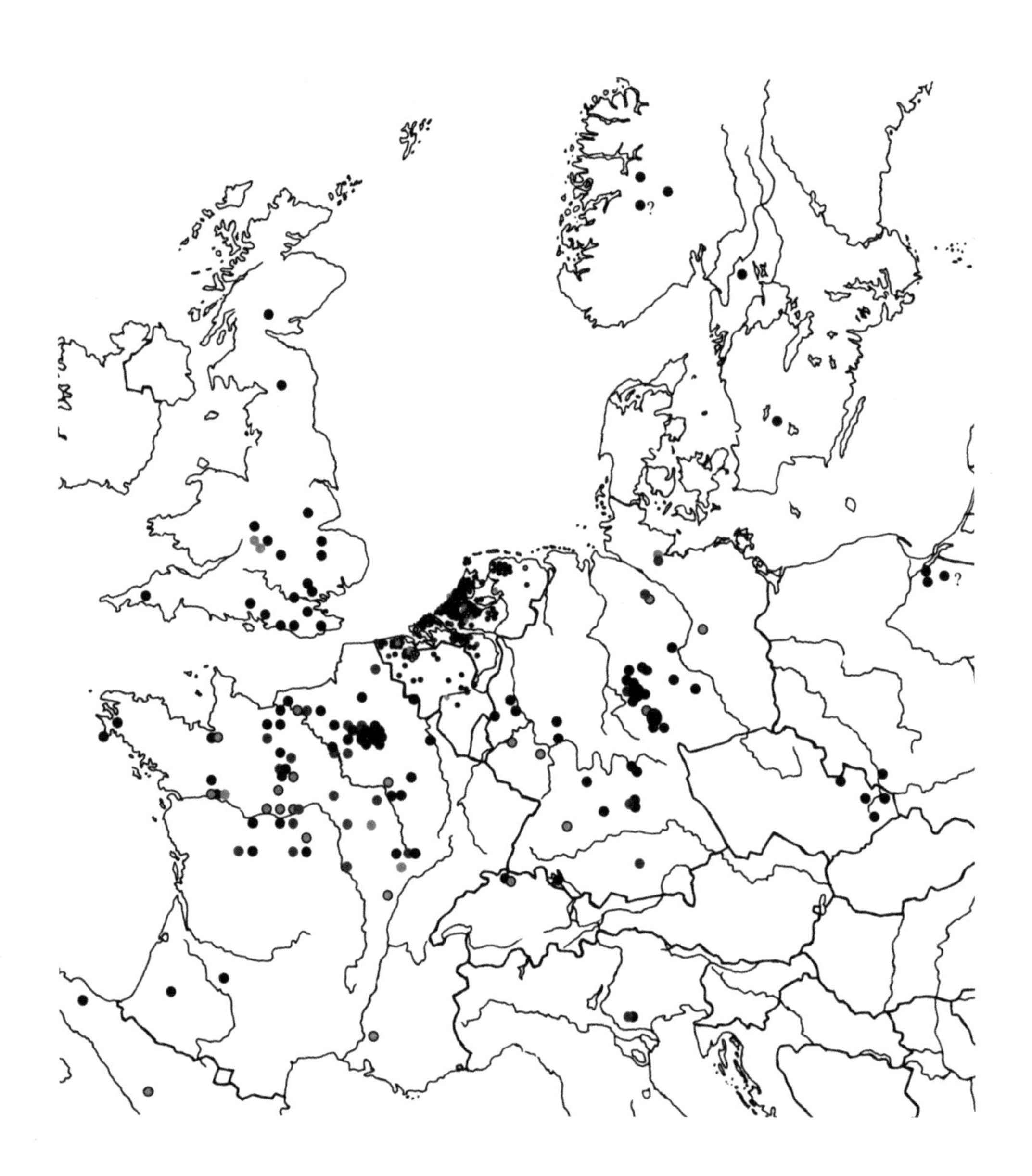

- Kirchen, Kapellen
- Klosterbauten
- Gasthäuser
- Rathäuser
- Sonstiges

Abb. 9 Verbreitung von Holzgewölben in Europa

rung aller europäischen Holztonnen darstellt, erkennt man eine extreme Häufung dieses Dachwerktyps in den Niederlanden und dem nördlichen Belgien Abb. 9. Das sind genau die Regionen, die in der Ostendorf'schen Erfassung durch weiße Flecken gekennzeichnet sind. Allein diese Darstellung zeigt, dass Ostendorf mehrere hundert Dachwerke nicht erfasst hat. Diese Lücke ist nicht ohne Konsequenzen. So kannte Ostendorf das sichtbare und damit nach seiner Terminologie »*germanische*« Dachwerk über dem Bijloke Hospital in Gent nicht, das mit Bindern und Pfetten 1251–55 (d) errichtet wurde Abb. 10. Und wenn er Kenntnis von diesem Dach erhalten hätte, läge hier ein kaum mehr zu überbrückender Widerspruch innerhalb seiner Entwicklungstheorie vor.

Was bleibt von der »*Geschichte des Dachwerks*«? Die Genesevorstellung als leitenden und gliedernden Gedanken wird man in dieser Form nicht aufrechterhalten können. Hier war Ostendorf zu sehr in den wissenschafts-nationalen Denkschemata seiner Zeit verhaftet. Seine detaillierten, in der Regel präzisen Analysen und Verweise auf konstruktive Phänomene bis hin zu der in der Regel zeitlich richtigen Einordnung der Dachwerke nötigt immer noch Respekt ab. Wie schlüssig die von ihm aufgezeigten Phänomene erklärt werden können, wann und in welchem Verhältnis konstruktive Innovationen aufgegriffen und durch welche Mechanismen transportiert und transformiert wurden, wird durch die konstruktive Analyse allein sicher nicht herausgefunden werden können. Die Migration handwerklichen Wissens, der Transfer zwischen wirtschaftlich prosperierenden Zentren und deren historische Verlagerungen wird man genauso beurteilen müssen wie Baukonjunkturen und ökonomische Randbedingungen. Die Geschichte des Dachwerks muss in diesem Sinn – wenn es überhaupt möglich ist – erst noch geschrieben werden.

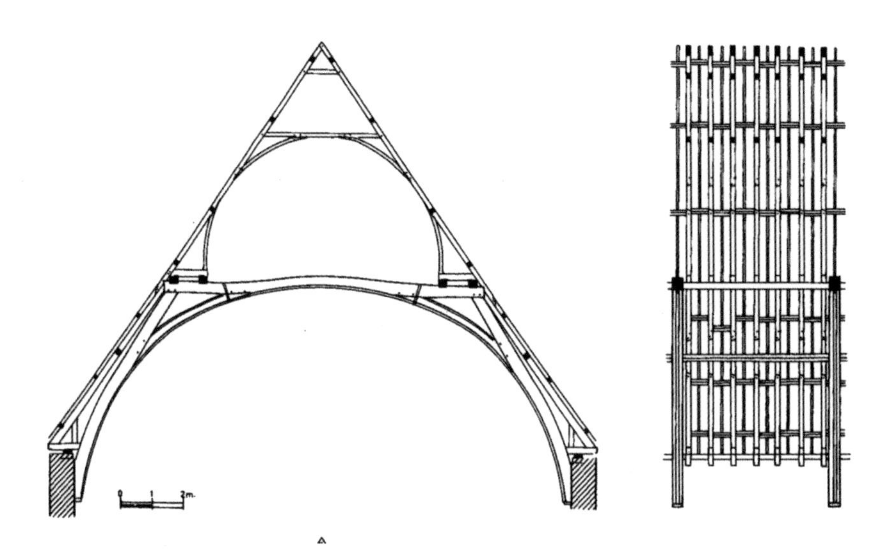

Anmerkungen

1 Friedrich Ostendorf, Die Geschichte des Dachwerks. Erläutert an einer großen Anzahl mustergültiger alter Konstruktionen, Leipzig 1908.

2 H. Bergner, »Ostendorf, Friedrich: Die Geschichte des Dachwerks, 1908«, in: Zeitschrift für kunstwissenschaftliche Literatur, 1909, I, S. 20–21.

3 Ostendorf, 1908 (wie Anm. 1), Vorwort.

4 Ebda.

5 Carl Schäfer (Hrsg.), Die Holzarchitektur Deutschlands vom XIV. bis XVIII. Jahrhundert, Berlin 1883–1888.

6 Eine kurze Zusammenfassung der Forschungsdiskussion um den Stammesgedanken gibt Konrad Bedal, Historische Hausforschung. Eine Einführung in Arbeitsweise, Begriffe und Literatur, Bad Windsheim 1993, S. 12 und 13. Der Stammesgedanke wird vor allem von Georg Landau 1857/58 formuliert und unter konstruktiven Aspekten von Schäfer aufgenommen: Georg Landau, »Der Hausbau. Zweite Ausführung über den nationalen Hausbau; Dritte Ausführung über den nationalen Hausbau«, in: Correspondenzblatt des Gesamtvereins der deutschen Geschichts- und Altertumsvereine, 6 (1857/58), Beil. I, S. 1–10; 7 (1859), Beil. Septemberheft, S. 1–20; 8 (1860), Beil. Septemberheft, S. 1–6; Carl Schäfer, »Über das deutsche Haus«, in: Zeitschrift für Bauwesen, 33 (1883), S. 209–222.

7 Die exakte Bestimmung der tatsächlich von Ostendorf besuchten Dachwerke kann nur durch einen Abgleich zwischen den Skizzenbüchern und den Abbildungen in der Geschichte des Dachwerks erfolgen.

8 In der Fußnote 3, Seite 13, werden Bauinspektor Rueff für Koblenz und Stadtbauinspektor Cabanis für das Chorwalmdach der Kreuzkirche in Breslau, genannt, S. 27; Elisabethkirche Marburg, Bauinspektor August Dauber aus Marburg, S. 30; Dachwerk Universität Freiburg, ebenfalls Dauber, S. 41; Tanzhaus Rothenburg o. d. Tauber, Landbauinspektor (Walter) Sackur, Berlin, S. 44; Katznase, Westpreußen, Regierungsbauführer Charisius, S. 138; Rathaussaal Nürnberg, städtisches Bauamt, S. 140; Niederlande, Saalbau Haag, Reichsbaumeister Peters, S. 159; Neustadt, Hessen, Junker Hansens Turm, Dauber, S. 203; Praust, Danzig, Dipl.-Ing. Ziegenhagen, S. 206.

9 Dies ist anhand der Abbildung 298, S. 204, und der Fußnote 1 auf Seite 205 nachzuvollziehen.

10 Vom Regierungsbaumeister (Karl) Cäsar aus Berlin stammen sieben komplexe Aufnahmen von Turmtragwerken, die den Abbildungen Nr. 354, 355, 359, 362 und 363 entsprechen, S. 253, Fußnote 1.

11 Alle biographischen Daten wurden entnommen aus Julia Hauch, Friedrich Ostendorf (1871 – 1915). Architektonisches Werk, architekturhistorische und theoretische Schriften, Dissertation Johannes-Gutenberg-Universität Mainz 1995, S. 43 ff.

Abb. 10 Gent, Bijolke-Hospital 1251–1255 (d)

12 Hauch, 1995 (wie Anm. 11), S. 47 ff.
13 Ebda, S. 71 ff.
14 Ebda.
15 Ostendorf, 1908 (wie Anm. 1), S. 5, Fußnote 1, und S. 97, Fußnote 11.
16 Augustus Charles Pugin, Specimens of gothic architecture. Selected from various ancient edifices in England, London 1821.
17 Sir Banister Fletcher, A history of architecture. For the student, craftsman and amateur, London 1896.
18 Francis Bond, Gothic architecture in England. An analysis of the origin & development of English church architecture from the Norman conquest to the dissolution of the monasteries, London 1905
19 Raphael and J. Arthur Brandon, The open timber roofs of the middle ages. Illustrated by perspective and working drawings of some of the best varieties of church roofs, London 1849.
20 Ostendorf, 1908 (wie Anm. 1), S. 99, Fußnote 3.
21 F. T. Dollman and J. R. Jobbins, An analysis of ancient domestic architecture. Exhibiting some of the best existing examples in Great Britan, London 1861.
22 Dies ist entsprechend der Anmerkungen für das Dachwerk von Westminster und für das Dachwerk über dem Palast von Eltham zutreffend. Ostendorf, 1908 (wie Anm. 2), S. 110 und S. 123, jeweils Fußnote 1.
23 Lorentz Henrik Segelcke Dietrichson und H. Munthe, Die Holzbaukunst Norwegens in Vergangenheit und Gegenwart, Berlin 1893. Zu Norwegen schreibt Ostendorf: *»Norwegen ist mir aus eigener Anschauung nicht bekannt«*. Ostendorf, 1908 (wie Anm. 2), S. 94, Fußnote 1.
24 Theodor Zingeler und Wilhelm Friedrich Laur, Die Bau- und Kunstdenkmäler in den Hohenzollern'schen Landen, Stuttgart 1896.
25 Die Kunstdenkmäler des Grossherzogthums Baden, Tübingen 1887–1913.
26 Beschreibende Darstellung der älteren Bau- und Kunstdenkmäler der Provinz Sachsen, Halle 1879–1886.
27 Ostendorf, 1908 (wie Anm. 1), S. 1.
28 Michael Imhof, Historistisches Fachwerk. Zur Architekturgeschichte im 19. Jahrhundert in Deutschland, Großbritannien (Old English Style), Frankreich, Österreich, der Schweiz und den USA, Bamberg 1996, S. 251.
29 Vitruv benennt das erste Kapitel seines sechsten Buches: *»Über die Berücksichtigung der klimatischen Verhältnisse bei der Anlage von Privatgebäuden«*. Wenngleich dieser Ansatz im Grundsatz nachvollziehbar ist, wird man eine derartig stringente Abhängigkeit anhand der tatsächlich errichteten Gebäude nur bedingt aufzeigen können. Neben den technologischen Innovationen ist es vor allem die Gestaltungsabsicht, welche die Gestalt von Gebäuden bestimmt. Vitruvii de architectura libri decem, hier zitiert nach der Ausgabe von Curt Fensterbusch (Hrsg.), Zehn Bücher über Architektur, 4. Aufl. Darmstadt 1987, S. 263 ff.
30 Vgl. dazu Bedal, 1993 (wie Anm. 6), S. 13.
31 August Reichensperger, Die christlich-germanische Baukunst und ihr Verhältnis zur Gegenwart, Trier 1845, 3. Aufl. Trier 1860.
32 Georg Gottlob Ungewitter, Gothische Holz-Architektur. Gekehlte Balken, geschnitzte Friese, Träger, Ständer, Holzplafonds, Wandvertäfelungen, Hängewerke, Zimmerthüren, Hausthüren und Thore, Fenster, Holzgiebel, Erker, Balkons, Dachfenster, Thurmspitzen, Ladenvorbaue und sonstige Details in Holz. Ein Vorlagewerk für Architekten, Bautischler, Zimmermeister und Schulen, Berlin 1849–1851, 4. Aufl. Berlin 1896.
33 Imhof, 1996 (wie Anm. 28), S. 250.
34 Carl Lachner, Geschichte der Holzbaukunst in Deutschland. Ein Versuch, Leipzig 1887.
35 Constantin Uhde, Der Holzbau. Seine künstlerische und geschichtliche geographische Entwickelung, sowie sein Einfluss auf die Steinarchitektur (Die Konstruktionen und die Kunstformen der Architektur, Bd. 2), Berlin 1903.
36 Einen guten Überblick zur aktuellen Diskussion um die Ankerbalkenkonstruktion und deren historische Bedeutung gibt Stiewe in seiner Würdigung Gerhard Eitzens: Heinrich Stiewe, »Gerhard Eitzens Beitrag zur Hausforschung«, in: Gerhard Eitzen, Bauernhausforschung in Deutschland. Gesammelte Aufsätze 1938–1980 (Veröffentlichungen des Landwirtschaftsmuseums Lüneburger Heide, Nr. 14), Heidenau 2006, S. 27–52, hier S. 35.
37 Ostendorf, 1908 (wie Anm. 1), S. 5.
38 Ostendorf, 1908 (wie Anm. 1), S. 2.
39 Brandon, 1849 (wie Anm. 19).
40 Ostendorf, 1908 (wie Anm. 1), S. 104.
41 Ostendorf, 1908 (wie Anm. 1), S. 155.
42 Ostendorf, 1908 (wie Anm. 1), S. 134.
43 Katrin Atzbach, Gotische Gewölbe aus Holz in Utrecht, Gent und Brügge, Schöneiche b. Berlin 2007, S. 122.

Burghard Lohrum

Die Ostendorf'sche Theorie zur Entwicklung des deutschen Kehlbalkendachwerks im Spiegel des südwestdeutschen Dachbestandes

Als Friedrich Ostendorf im Jahre 1908 sein gleichnamiges Werk vorlegte, war offenbar die »*Geschichte des Dachwerks*« geschrieben.[1] Dicht gepackt zwischen zwei Buchdeckeln reiht sich auf 269 Seiten Dachwerk an Dachwerk. Mehrheitlich in Quer- und Längsschnittzeichnungen dargestellt, umfassen die vorgelegten Beispiele einen immensen, über ganz Europa verteilten Dachwerkbestand. Ausgestattet mit einem bewundernswerten Gespür für konstruktionstechnische und baustrukturelle Zusammenhänge verstand es Ostendorf, diese enorme Vielfalt von Einzelbeispielen untereinander zu verknüpfen und trotz unzähliger Überschneidungen in getrennte Entwicklungsstränge einzubinden. Die dabei angewandten Konstruktionsanalysen sind auch heute noch vorbildlich und zeugen von einem Basiswissen ungeahnten Ausmaßes.

Angesichts dieser Leistung schien es offensichtlich ein unmögliches Unterfangen, die von Ostendorf vorgelegten Ergebnisse zu hinterfragen – meinte man doch, für eine fundierte Auseinandersetzung mit den von ihm formulierten Entwicklungstheorien einen ähnlich umfassenden Wissenstand voraussetzen zu müssen. Möglicherweise war es dieser Anspruch, der in Kombination mit einer gewissen Akzeptanz seiner Ergebnisse bis zum heutigen Zeitpunkt eine grundsätzliche Reflexion der Ostendorf'schen Dachwerkgeschichte verhinderte. So sind, auch wenn zwischenzeitlich einige thematische Randbereiche in Frage gestellt werden,[2] seine Ergebnisse noch immer aktuell und bilden weiterhin den entwicklungsgeschichtlichen Rahmen lokaler Dachwerkforschungen.[3] In diesem Sinne hat die anfangs erwähnte Feststellung, dass die Geschichte des Dachwerks seit hundert Jahren geschrieben ist, durchaus ihre Berechtigung. Doch hat sie auch Gültigkeit?

Diese Frage in einem ersten Schritt auf einen kleinen, aber wichtigen Aspekt seiner Thesen zu fokussieren, um sie dann in einem zweiten Schritt zu beantworten, soll nachfolgend versucht werden. In einer Art Detailbetrachtung steht dabei die Entwicklung des deutschen Sparrendaches im Vordergrund, die nach den Vorstellungen Ostendorfs in spezifische Rahmenbedingungen eingebunden war: So ist nach seiner Meinung die Ausbildung des mittelalterlichen Dachwerks auf zwei grundsätzlich unterschiedliche, vor mehr als tausend Jahren relevante Ausgangssituationen zurückzuführen. Ostendorf nennt sie die »*römische*« beziehungsweise die »*germanische Quelle*«. Während sich aus der römischen Quelle das Dachwerk der mächtigen Saal- und Tempelbauten entwickelt haben soll, sieht er in der germanischen Quelle das urtümliche Haus der Germanen als Ausgangspunkt für die weitere Entwicklung des frühmittelalterlichen Dachwerks.
Als wichtige Kriterien, welche zur jeweiligen kulturellen Zuordnung herangezogen werden, nennt er in einem ersten Schritt formale Unterschiede. So weist er zum Beispiel dem römischen Dachwerk eine geringe und dem germanischen Dachwerk eine generell steilere Dachneigung zu.
In einem zweiten Schritt konzentriert sich Osten-

dorf auf die konstruktiven Unterschiede zwischen den beiden Dachwerkvarianten, wobei im Folgenden lediglich auf die ältesten Rahmenbedingungen bei der so genannten germanisch geprägten Dachwerkentwicklung eingegangen wird.

Danach bestimmten die baustrukturellen Vorgaben der so genannten »*germanischen Urhütte*« die Ausgangsituation für die weitere Entwicklung des deutschen Kehlbalkendaches. Nach den Ostendorf zur Verfügung stehenden Quellen handelte es sich bei diesen Bauten um Einräume, deren Abschluss ein offenes, von ein oder zwei Firstständern getragenes Dachwerk bildete. Diese theoretische Vorgabe spiegelte den Forschungsstand der damaligen Zeit wider und wurde neben Otto Gruber[4] auch noch 50 Jahre später von Hermann Schilli[5] als Ausgangsbasis für die deutsche Hausentwicklung angesehen Abb. 1 .

Ostendorf und seinen Nachfolgern erschien es folgerichtig, dass – spätestens nachdem die »*Urhütten*« einen rechteckigen Grundriss und einen eigenständigen, vom Dach abgesetzten Wandaufbau erhalten hatten – die in den Dachschrägen angeordneten und auf den oberen Wandabschlüssen aufgestellten Hölzer paarweise ausgerichtet wurden Abb. 2 . In dieser Anordnung stützen sie sich gegenseitig und werden zu selbsttragenden, nun allein auf das Dachwerk beschränkten Sparrenpaaren. In der Folge dieses Konstruktionswandels war es offenbar nur eine Frage der Zeit, bis die von nun an als überflüssig erachteten Firstständer und mit ihnen die Firstpfette aufgegeben wurden. Aus diesem Verzicht resultierte in der Folgezeit eine stärkere Beanspruchung der Sparrenpaare und damit eine Erhöhung der in den Sparrenfüßen wirkenden Schub- beziehungsweise Horizontalkräfte. Um diese Kräfte zu neutralisieren, mussten nach Ostendorfs Vorstellungen zusätzliche Hölzer, so genannte Ankerbalken, eingebaut werden, um eine Ausbauchung der Längswände zu verhindern. Verhaftet in der Tradition des offenen Daches, kamen sie am Anfang nur vereinzelt, und zwar unabhängig von der Lage der Sparrenpaare, zur Anwendung.

Mit dieser Aussage verknüpft Ostendorf, neben dem Aspekt der Dachneigung, seine zweite Unterscheidung gegenüber den römischen Dachwerken. Während nämlich Letztere innerhalb der Gebinde einen horizontalen Balken für die beiden in der Dachschräge verbauten Streben aufweisen, sind die Fußpunkte der im germanischen Dach verbauten Sparrenpaare nicht durch einen Balken verbunden. Das Dachdreieck ist im Gegensatz zum römischen Dach nicht geschlossen. Entwicklungsgeschichtlich wird dieser Zustand so lange beibehalten, bis über die vermehrte Anordnung der Ankerbalken und ihrer endgültigen

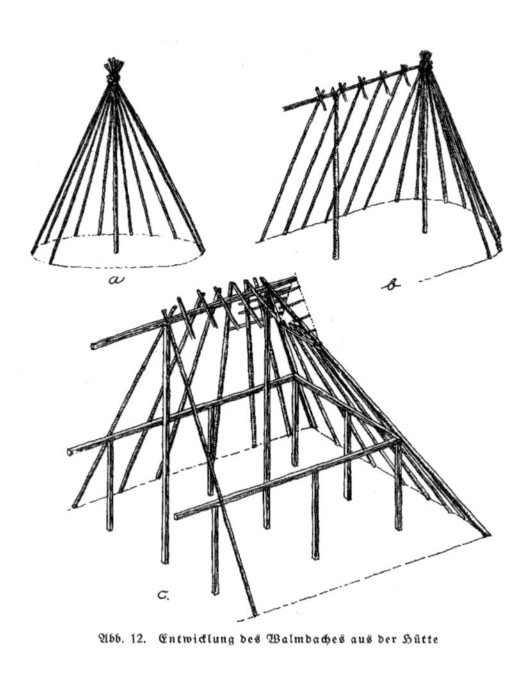

Abb. 1 Beispiele der sogenannten Urhütte des germanischen Hauses

Einbindung in die Sparrenpaare die ersten modifizierten, auf Dachbalkenlagen ausgerichteten Konstruktionen möglich werden. Auf diesem Entwicklungsstand fächerte sich nach Ostendorf die weitere Ausbildung des germanischen Dachwerks in verschiedene Entwicklungsstränge auf. So artikuliert er unter der Berücksichtigung römischer Einflüsse neben einer norwegischen und englischen Variante auch eine französische und deutsche Entwicklungslinie. Vertreter letzterer, vom römischen Dachwerk unbeeinflussten Variante scheint er mit einem zeitlichen Verzug von über tausend Jahren in weiten Teilen Nordwestdeutschlands gefunden zu haben Abb. 3 .

Über die für seine weitere Argumentation zentrale Feststellung, dass sich das im Norden angetroffene Dachwerk bis zu der geschichtlichen Ausgangssituation des Frühmittelalters zurückverfolgen lässt, fixiert Ostendorf eine weitere wichtige Grundvoraussetzung seiner Entwicklungsgeschichte. Ostendorf beruft sich auf eine über viele Jahrhunderte andauernde Konstruktionskontinuität – eine These, die unter wissenschaftlichen Gesichtspunkten nicht nur heute, sondern schon vor hundert Jahren die nachvollziehbare Belegkette dieser geschichtlichen Tradierung einforderte.

Unter dieser Vorgabe verlässt Ostendorf dann auch seine theoretischen Ausführungen. Nachfolgend analysiert er erhaltene beziehungsweise bekannte und anhand von Quer- und Längsschnittzeichnungen auswertbare Dachwerke mit dem Ziel, über das ausgewählte Beispiel eine konstruktive Brücke zum historischen Ursprung des frühmittelalterlichen, in diesem Fall germanisch geprägten Dachwerks zu schlagen. Dessen tra-

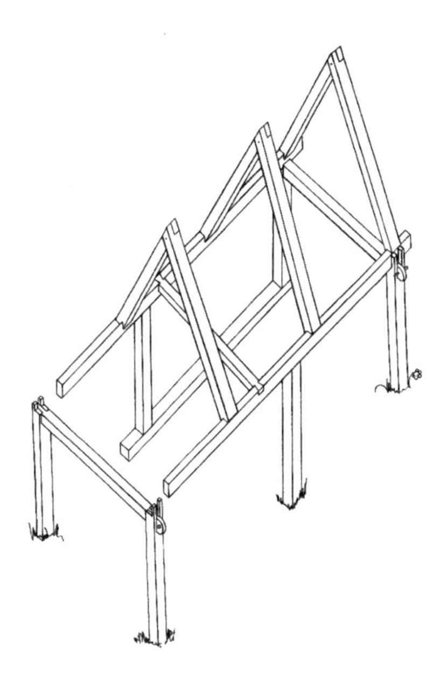

Abb. 2 Hypothetische Rekonstruktion einer frühmittelalterlichen Hauskonstruktion

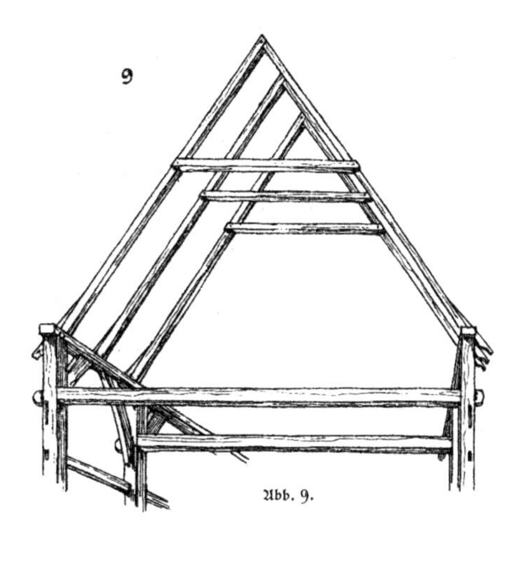

Abb. 3 Hypothetische Rekonstruktion eines in der frühmittelalterlichen Tradition des deckenlosen Hauses stehenden Sparrendaches in Nordwestdeutschland

gende Gerüstkonstruktionen bildeten auf einem firstparallelen Längsholz aufgestellte, sich am Kopfende gegenseitig stützende Sparrenpaare, wobei die in den Sparrenfüßen wirkenden Horizontalkräfte durch vereinzelte, in großen Abständen verlegte Ankerbalken oder auch durch einen den Sparren aufgeblatteten Kehlbalken neutralisiert wurden. Zumindest auf Holzbauten besaßen derartige Dachwerke anfangs keine eine Decke ausbildenden Dachbalken. Kam diese unter theoretischen Gesichtspunkten entworfene Dachwerkvariante auf einem Massivbau zur Ausführung, so standen die Sparrenfüße auf einem der Mauerkrone aufgelegten Längsholz, oder sie waren in der bis zur Dachschräge reichenden Massivwand eingemauert.

Aufbauend auf diesen Vorgaben und orientiert an der Einschätzung, dass auch das eine oder andere in Regensburg[6] erhaltene Dachwerk als Folgekonstruktion dieser Ausgangsvarianten gesehen werden konnte, ordnete Ostendorf auch Süddeutschland in das Verbreitungsgebiet des germanischen Kehlbalkendaches ein. Damit sind wir am Kernpunkt der konstruktionsgeschichtlichen Auseinandersetzung angekommen. Unter der Annahme, dass die Ostendorf'schen Analysen zutreffen, müssten die entwicklungsgeschichtlich ältesten, nach seinen Vorstellungen bis in das Frühmittelalter zurückweisenden Vertreter des balkenlosen Sparrendaches nicht nur in Nordwestdeutschland, sondern auch in Südwestdeutschland zu finden sein.

Am Beginn dieser Suche steht das Dachwerk der Kirche St. Martin in Neckartailfingen, nahe bei Tübingen Abb. 4. Sein die Dachhaut tragendes Gerüst bilden auffallend flach geneigte, in die Dachbalken zapfende Sparrenpaare. Die Einzapfung erfolgt mit einem kräftigen Vorholz und zeugt von einer ausgeprägten, offensichtlich langjährigen Erfahrung der hier tätigen Zimmerleute. Damit sich die Sparren nicht durchbiegen, werden sie durch zwei von den Dachbalken aufsteigende Sparrenunterstützungshölzer stabilisiert. Das hier vorgestellte Beispiel gehört zur ältesten Dachwerkschicht Deutschlands und datiert in das Jahr 1111 (d). Ein nahezu zeitgleiches, in die Jahre um 1132 (d) zu datierendes und nach dem gleichen Konstruktionsprinzip abgezimmertes Dachwerk befindet sich auf der Ev. Stadtkirche in Sindelfingen Abb. 5. Von Ostendorf mit einer genauen Detailzeichnung seines Dachfußes wiedergegeben, wurde es von ihm den ältesten ihm bekannten Dachwerken vorangestellt.

Bei der Beurteilung dieser Dachwerkkonstruktionen verweist er vor allem auf die in die Gebinde eingebundenen, von den Sparren belasteten und im germanischen Sparrendach normalerweise ungebräuchlichen Balken. Orientiert an seinen theoretischen, dem Konstruktionsaufbau des germanischen Hauses folgenden Überlegungen, soll es sich bei diesen Varianten, resultierend aus dem

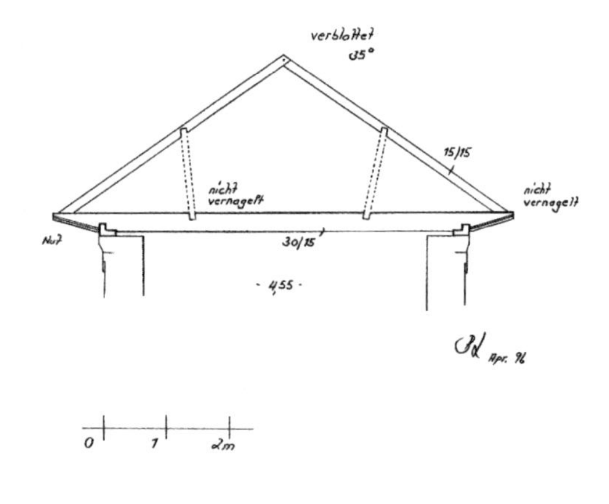

Abb. 4 Neckartailfingen, Ev. Pfarrkirche St. Martin

Wunsch, den Kirchenraum mit einer Decke abzuschließen, um frühe Abweichungen seiner anfangs balkenlosen Sparrendächer handeln. In diesem Sinne unterscheiden sich diese Konstruktionen zwar von den ohne Balkendecke konzipierten Ausgangskonstruktionen, tradieren aber entwicklungsgeschichtlich die Aufreihung sich selbst stabilisierender Sparrendreiecke. Das auslösende Moment für die konstruktive Kombination von Sparrenpaar und Dachbalken führt er auf den Einfluss des profanen Dachwerks zurück, da hier aus nutzungsbedingten Ansprüchen heraus schon früh Decken- beziehungsweise Dachbalkenlagen zur Ausführung kamen.

Aufbauend auf dieser Interpretation handelt es sich nach seiner Meinung um frühe Ausnahmen, da diesen Konstruktionen doch eine große Anzahl balkenloser Sparrendächer gegenübersteht. Sie sind es, die auf breiter Ebene den konstruktiven Entwicklungsstand repräsentieren und mit deren Hilfe die argumentative Brücke in die frühmittelalterliche Vergangenheit geschlagen werden soll. In diesem Sinne verweist er auf deren nordeuropäische Verbreitung und stellt mit Beispielen aus Norwegen, Frankreich und Deutschland eine große Auswahl derartiger Dachkonstruktionen vor Abb. 6–8 .

Das gemeinsame Merkmal all dieser Konstruktionen ist der Verzicht auf einen die Sparrenfüße verbindenden Balken. Dieser Befund trifft entweder auf alle Gebinde zu oder wird durch eine wechselnde Ausführung von durchlaufenden Dachbalken mit kurzen Dachfußbalken ersetzt.

Trotz der von Ostendorf vorgenommenen Zuordnung, dass es sich bei diesen Konstruktionen um jüngere Repräsentanten des balkenlosen Sparrendaches handelte, können die vorgestellten Dachwerke in dieser Hinsicht nur bedingt überzeugen. Versuchen wir nämlich auf der Basis dieser Belege eine vom Ostendorf'schen Denkmodell abgesetzte Konstruktionsanalyse, so bieten die ausgewählten Beispiele eine hinreichende Grundlage für eine andersartige Bewertung. Erstens sind die von Ostendorf zur Auswertung herangezogenen Beispiele zum Teil bedeutend jünger als die mit einem vollständigen Dachgebälk abgezimmerten Sparrendächer, und zweitens reagieren viele seiner vorgestellten Dachwerke mit ihrem alternierenden Wechsel von durchlaufenden und nur auf den Auflagerbereich bezogenen Balken oft genug auf die in den Dachraum ragenden Gewölbe.

Neben dem Gedanken der Tradierung, wie ihn Ostendorf bevorzugt, ist somit auch eine funktionale Begründung für die balkenlose Dachwerkvariante zu berücksichtigen.

So bietet sich zum Beispiel mit der Interpretation, dass es sich bei den mit kurzen Dachfußbalken ausgestatteten Dachwerken um konstruktiv ausgereizte und darüber hinaus um Holz sparende Erneuerungen handelt, eine weitere Begründung für diese Konstruktionsalternative an. Derartige

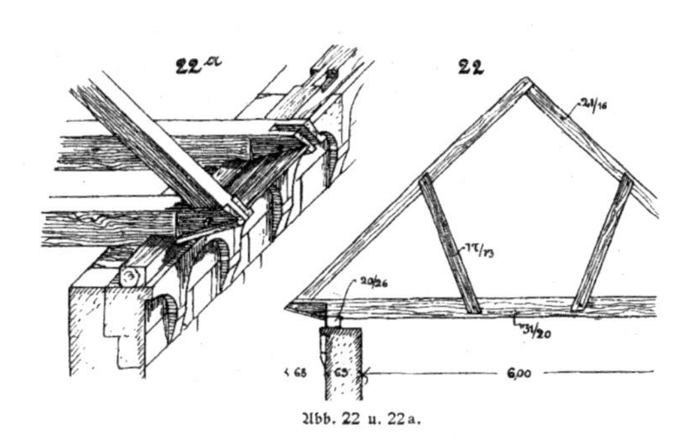

Abb. 5 Sindelfingen, Ev. Stadtkirche, Sparrendach mit integrierten Dachbalken

Dachwerke sind in Baden-Württemberg nicht selten und repräsentieren in der zweiten Hälfte des 13. Jahrhunderts eine weit verbreitete Standardlösung. Als klassische Vertreter dieser Dachwerkgeneration können zum Beispiel Dachwerke aus Bad Wimpfen (1285 d) oder aus Kirchheim am Ries (1295 d) angeführt werden Abb. 9 .
Dass diese Dachwerkvariante nur schwer in die Tradition des balkenlosen Sparrendaches eingebunden werden kann, legt die ältere Dachwerkschicht des 12. Jahrhunderts nahe. So besitzen die auf dieser Zeitebene abgezimmerten Konstruktionen auffälligerweise voll ausgebildete Dachbalkenlagen – ein Befund, der die von Ostendorf angenommenen Konstruktionsabfolgen geradezu ins Gegenteil verkehrt und der anhand dendrochronologisch ermittelter Baudaten auf breiter Ebene untermauert werden kann.
Dass aber auch eine mit Dendrodaten belegte Befundlage nur als eine Momentaufnahme zu sehen ist und unter Umständen zu voreilig gezogenen Schlüssen führen kann, darauf weisen die jüngsten Forschungsergebnisse hin.[7] So lassen sich neben den mit Dachbalken ausgestatteten Sparrendächern immer häufiger auch die von Ostendorf vermuteten Alternativkonstruktionen nachweisen. Ja, es ist zwischenzeitlich sogar möglich, die balkenlose Dachwerkvariante anhand erhaltener Befunde dendrochronologisch bis in das 8. Jahrhundert zurückzuverfolgen.[8]

Den Versuch dieser dachgeschichtlichen Reise in die Vergangenheit eröffnet eine in Basel erhaltene Dachwerkgruppe. Die zugehörigen Konstruktionen datieren in die zweite Hälfte des 13. Jahrhunderts; sie haben also das bekannte Basler Erdbeben des Jahres 1356 überdauert, waren aber Ostendorf bei seinen damaligen Recherchen nicht bekannt geworden. Ein klassischer Vertreter dieser Belege ist das Dachwerk über dem ehemaligen

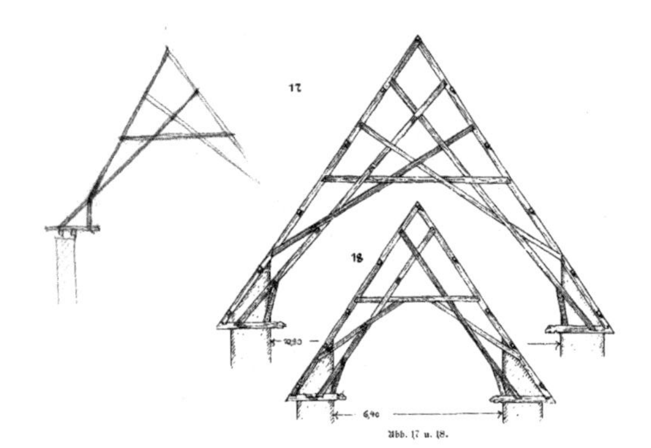

Abb. 6 Vernes, Norwegen, Sparrendächer ohne Dachbalken über Chor und Langhaus

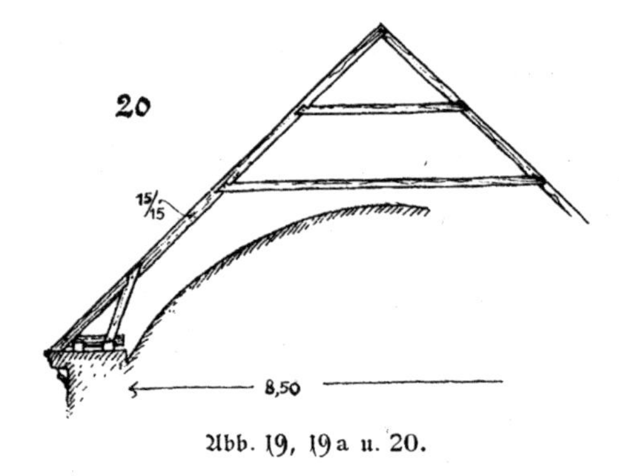

Abb. 7 Noirlac, Frankreich, Dachwerk über dem Querschiff der Klosterkirche

Dormitorium des Klosters Kleines Klingental Abb. 10 . Wie schon bei den Osterndorf'schen Beispielen gründen auch hier die Sparrenpaare auf kurzen Dachfußbalken. Der von seinen Belegbeispielen abweichende und entscheidende Befund ist jedoch die unterhalb des Dachfußes ausgebildete Balkenlage. Sie liegt abgesetzt von der Dachkonstruktion und demonstriert schon über die ablesbare Bauabfolge, dass sie nicht als Bestandteil des Dachwerks anzusehen ist. Der oben angesprochene Hinweis auf baustrukturelle Rücksichtnahmen, zum Beispiel bei der Ausführung von in den Dachraum ragenden Gewölben, oder der Versuch, in diesen Lösungen eine auf Holzersparnis ausgerichtete Konstruktionsoptimierung zu sehen – beide Aspekte greifen in diesem Falle nicht.

Diese Aussage trifft auch auf die folgenden, auf der Reichenauer Klosterkirche erhaltenen Dachwerke zu Abb. 11–12 . Auf den ersten Blick relativieren sie zwar die konstruktive Unabhängigkeit zwischen Gebälk und Dachkonstruktion, stellen dafür aber einen anderen Aspekt, den Sparrenfußpunkt, in den konstruktionsanalytischen Vordergrund.

Im Vergleich zu den bislang vorgestellten Konstruktionen zeigen die um 1236 (d) errichteten Dachwerke völlig andersartige Sparrenfußpunkte. Die Sparren sind nicht mit einem quer zum First verlaufenden Balken verbunden, sondern entlasten sich auf einem parallel zum Firstverlauf ausgerichteten Längsholz. Dieser entscheidende Unterschied der Sparrengründung, der in der Folgezeit durch die Begriffe quer- beziehungsweise längsgebundenes Sparrendach auch in der Ansprache klar voneinander abgegrenzt werden soll, bildet das konstruktive Indiz für die nachfolgenden Dachwerkausführungen. Bei diesen Konstruktionen ist die Sparrenschwelle das Auflagerholz für die Sparren und für die direkte Schub-

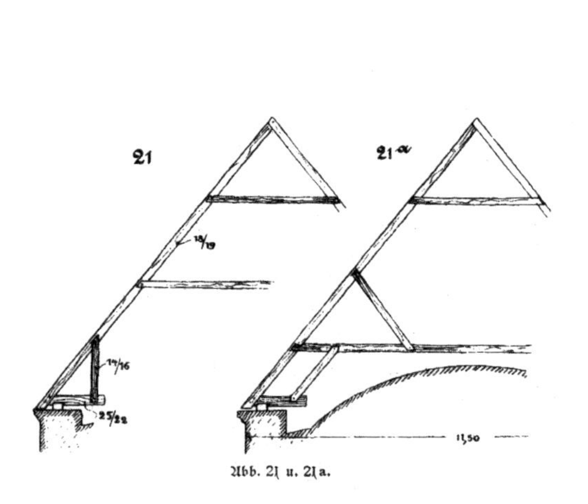

Abb. 8 Fritzlar, Dom, Dachwerk über dem Chor

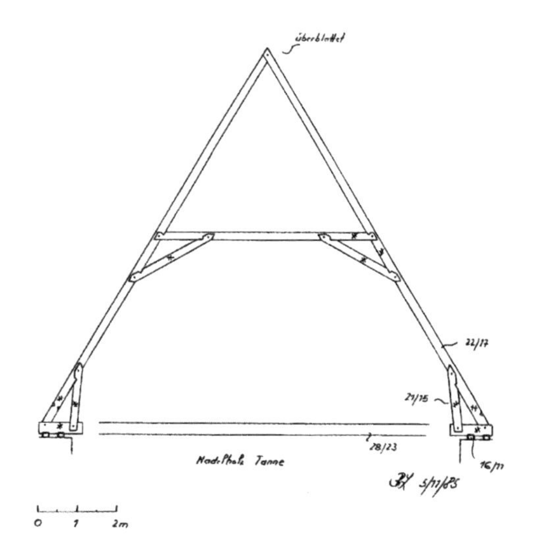

Abb. 9 Kirchheim am Ries, Klosterkirche, 1295

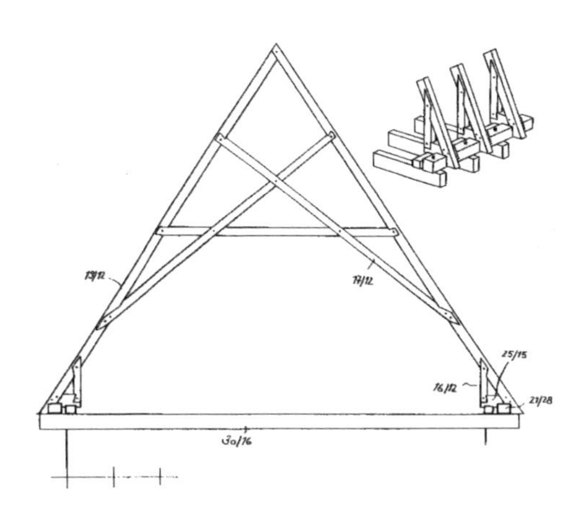

kraftaufnahme verantwortlich. Damit sie diese Aufgabe erfüllen kann, muss sie in ihrer Lage fixiert werden, da ein seitliches Ausweichen der Sparrenschwelle unweigerlich zur Instabilität des Sparrenpaares führen würde. Am Beispiel der Reichenauer Klosterdächer erfolgte die Sicherung durch horizontale Balken, die durch sorgfältige Verbindungen mit den Sparrenschwellen deren Verschiebung verhindern. In diesem Punkt zeigt der Reichenauer Dachbestand interessante und weithin unbekannte Konstruktionsausführungen. Sie betreffen sowohl die Abstimmung zwischen Balken und Sparrenpaar wie auch die Verbindung zwischen Sparren und Sparrenschwelle.

Während es sich bei dem zuletzt genannten Aspekt um eine nicht zu unterschlagende Detailbetrachtung hinsichtlich der gewählten Kraftübertragung handelt, kommt der Lage der Balken eine weitaus wichtigere Bedeutung zu. So zeigt zum Beispiel das Dachwerk über dem südlichen Querhaus eine vertikale Abstimmung zwischen Balken und Sparrenpaar, während im Gegensatz dazu beim nördlichen Querhausdach keine entsprechende Abstimmung eingehalten ist. Die zuletzt genannte Ausführung ist insofern von Bedeutung, als sie uns die konstruktive Trennung von Gebälk und Dachwerk wieder in Erinnerung ruft. Auf diesen Befund wurde schon bei den Basler Dachwerken verwiesen, er wird aber vor allem bei den Reichenauer Beispielen, besonders durch die Durchdringung von Balken und Sparrenschwelle und die enge, einem Deckengebälk gleichkommende Anordnung nicht so deutlich erkennbar.

Diese Einschränkung trifft auf das folgende Dachwerk nicht zu Abb. 13. Es befindet sich auf der Büsinger Bergkirche unweit von Schaffhausen und wurde im 16. Jahrhundert über einem im Kern romanischen Kirchensaal aufgeschlagen. Konstruktiv handelt es sich um ein längsgebundenes Sparrendach, dessen Sparrenpaare durch firstparallel verlaufende Stuhlrähme unterstützt werden. Die Rähme selbst entlasten sich in Binderquerachsen, die sich durch die stehenden und auf den Dachraum begrenzten Gerüstständer deutlich von den benachbarten, kehlbalkenlosen Sparrengebinden unterscheiden. Dies sind jedoch nicht die einzigen Unterschiede. Während die Sparrenfüße der Bindersparren – abweichend von den bislang vorgestellten Beispielen – in die quer verlegten und die Gerüstständer tragenden Binderdachbalken zapfen, stehen die Sparren zwischen den Binderquerachsen auf den beiden Sparrenschwellen. Doch auch in diesem Punkt besteht zu den vorangegangenen Konstruktionen ein auffallender Unterschied. So sind die Sparrenschwellen nicht in großen, zusammenhängenden Längen verlegt, sondern in einzelnen kurzen Abschnitten zwischen die Binderdachbalken eingepasst. Damit die Sparrenschwellen durch die Beanspruchung aus den Sparren nicht verschoben werden, greifen sie mit stehenden Zapfen in die

Abb. 10 Basel, ehem. Kloster Kleines Klingental, Dachwerk über dem ehem. Dormitorium

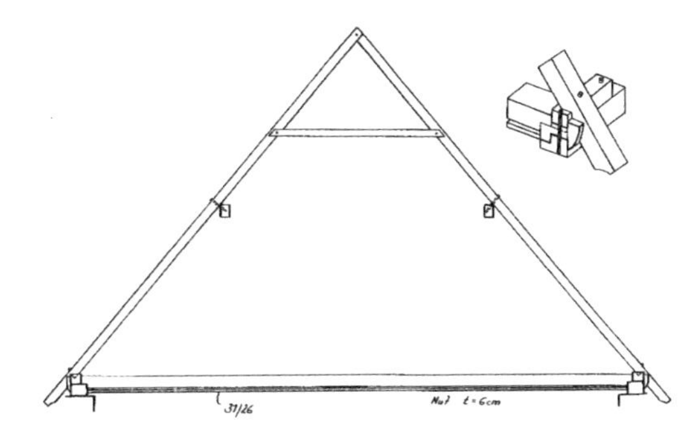

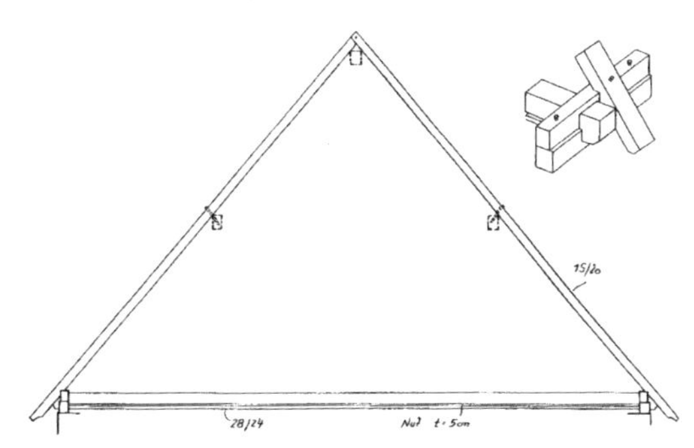

Abb. 11 Reichenau, Klosterkirche, Dachwerk über dem südlichen Querhaus

Abb. 12 Reichenau, Klosterkirche, Dachwerk über dem nördlichen Querhaus

Binderdachbalken. Durch die in großen Abständen erfolgte Anordnung konzentriert sich die Last aufnehmende Binderbalkenlage auf eine rein statische, in erster Linie auf die Dachkonstruktion bezogene Aufgabe und weist der Möglichkeit, über sie auch einen raumbegrenzenden Abschluss zu erreichen, eine Nebenrolle zu. Kurzum, das vorgestellte Dachwerk steht unmissverständlich in der Tradition balkenloser Dachwerke.

Vergleichbare Befunde, die auf die ehemalige Ausführung von längsgebundenen, ohne Dachbalken abgezimmerten Sparrendächern hinweisen, werden in jüngster Zeit immer zahlreicher bekannt. Einer dieser Belege wurde auf Burg Hohenklingen[9] über Stein am Rhein gefunden Abb. 14. Es handelt sich um die Sparrenschwelle eines um 1212 (d) abgebundenen Dachwerks, wobei die zimmerungstechnischen Merkmale wesentliche Aussagen zur Struktur der zugehörigen Dachkonstruktion erlauben. Danach bildete die Sparrenschwelle das Auflagerholz für die in Abständen von ca. 1 m angeordneten Sparren, während die Sparrenschwelle selbst in Abständen von ca. 3,60 m in ihrer Lage fixiert wurde. Von oben mit einem schräg verlaufenden Zuschnitt der Sparrenschwelle aufgeblattet, handelte es sich um einen auf Zug beanspruchbaren Balken, der in Anlehnung an die Ostendorf'schen Vorgaben nun eindeutig als Ankerbalken und nicht als Teil einer Balkendecke anzusprechen ist. In diesem Zusammenhang sind dann neben vielen, hier nicht näher aufgeführten Beispielen auch die in der Büsinger Dachkonstruktion verbauten Sparren zu sehen. Sie sind im Dachwerk des 16. Jahrhunderts wiederverwendet und datieren in die Jahre um 1146 (d). Orientiert an ihrem Zuschnitt waren sie Bestandteil eines längsgebundenen Sparrendaches, dessen Sparrenpaare, in Anlehnung an die zimmerungstechnischen Befunde und in Kombination mit der angetroffenen Nachfolgekonstruktion, durch zwei sich in den Binderquerachsen entlastende Längshölzer unterstützt wurden. Innerhalb der Binderquerachse ist dann auch die Anordnung des Binderbalkens oder, nach der Ostendorf'schen Terminologie, der in diesem Fall zusätzlich mit Tragaufgaben beanspruchte Ankerbalken zu vermuten. Bei diesem

Versuch, auf der Basis der vorgestellten Beispiele die südwestdeutsche Dachlandschaft des 12./13. Jahrhunderts hinsichtlich einer Tradierung älterer Dachkonstruktionen zu hinterfragen, sind die Gemeinsamkeiten mit den von Ostendorf postulierten Vorgängerkonstruktionen nun nicht mehr zu übersehen. Diese Aussage gilt wohl nicht nur für Dachwerke auf steinernen Unterbauten. Sollte es nämlich zutreffen – und viele Befunde sprechen dafür –, dass es sich bei der ältesten Vorhalle der Reichenauer Kirche St. Georg[10] um einen ehemaligen Holzbau handelte, so erlaubt die Rekonstruktion des um 935 (d) nachweisbaren Dachwerks ein Holzgerüst, welches die Ostendorf'schen Überlegungen bis auf das i-Tüpfelchen genau widerspiegelt Abb. 15 .

Für das angekündigte Unterfangen, die von Ostendorf vorgelegte »*Geschichte des Dachwerks*« zumindest punktuell auf ihre Richtigkeit zu überprüfen, kann somit folgendes Ergebnis festgehalten werden: Schieben wir für ein erstes Zwischenergebnis seine stammeskundlich geprägten Ausgangsüberlegungen in den Hintergrund und konzentrieren uns dafür verstärkt auf seine konstruktionsanalytischen Beweisführungen, so kann an einer seiner wesentlichsten Grundaussagen kein Zweifel mehr bestehen. Zumindest im südlichen Baden-Württemberg bildete das längsgebundene, sich anfänglich auf einzelne Ankerbalken beschränkende Sparrendach die Vorstufe zum quergebundenen, also mit integrierten Dachbalken abgezimmerten Sparrendach. Nach den vorliegenden Befunden, die sich hier vorrangig auf sakrale Dachwerke beziehen, erfolgt der Umbruch im Verlauf des 12./13. Jahrhunderts. Ob dabei die nördlichen Landesteile in zeitlicher Hinsicht eine Vorreiterrolle spielten, steht auf einem anderen Blatt und war nicht Gegenstand dieser Ausführungen.

Anders verhält es sich bei seinem Versuch, das Sparrendach quasi als eine exklusive ›Erfindung‹ einem bestimmten Volk, in diesem Fall den Germanen zuschreiben zu wollen. Das Gegenteil ist der Fall. Die Erkenntnis, dass zwei schräg gestellte, sich gegenseitig abstützende Hölzer eine nicht zu übersehende Eigenstabilität besitzen, ist konstruktionstechnisches Allgemeinwissen und kam in der praktischen Anwendung im gesamten europäischen Raum zur Ausführung.[11]

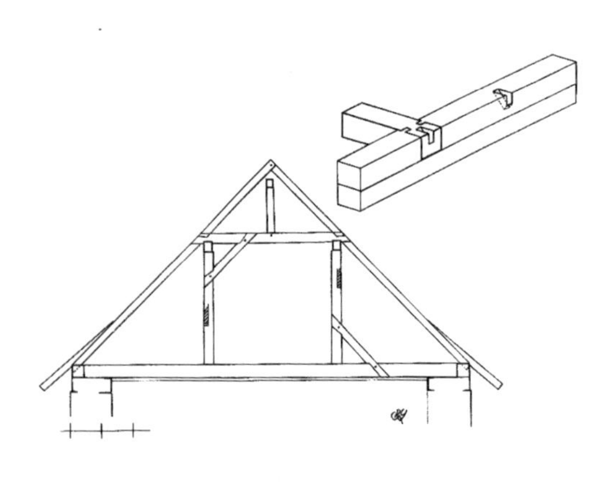

Abb. 13 Büsingen, Bergkirche St. Michael, Binderquerachse und Dachfußdetail

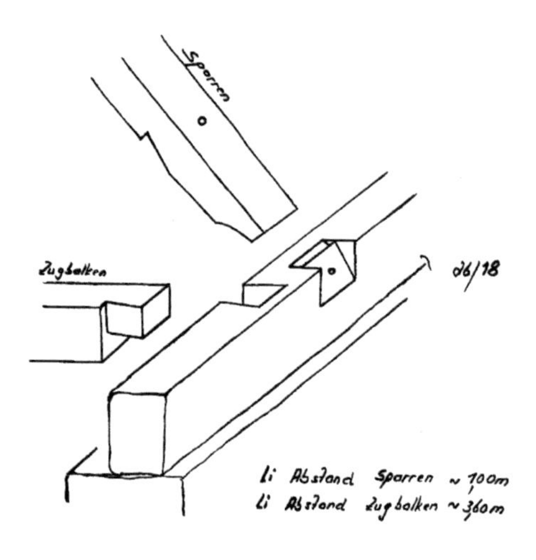

Abb. 14 Stein a. Rhein, Burg Hohenklingen, Rekonstruktion des Dachfußes

Anmerkungen

1 Friedrich Ostendorf, Die Geschichte des Dachwerks. Erläutert an einer großen Anzahl mustergültiger alter Konstruktionen, Leipzig 1908.
2 Barbara Fischer-Kohnert, Das mittelalterliche Dach als Quelle zur Bau- und Kunstgeschichte – Dominikanerkirche, Minoritenkirche, Dom, Rathaus und Alte Kapelle in Regensburg, Petersberg 1999, S. 7–15.
3 Bernard Jaggi, »Historische Dachwerke in Basel. Die Systeme und ihre Durchdringungen – Versuch einer analytischen und induktiven Auswertung«, in: Basler Denkmalpflege (Hrsg.), Dächer der Stadt Basel, Basel 2005, S. 139–211.
4 Otto Gruber, Deutsche Bauern- und Ackerbürgerhäuser. Eine bautechnische Quellenforschung zur Geschichte des deutschen Hauses, Karlsruhe 1926.
5 Hermann Schilli, Das Schwarzwaldhaus, Stuttgart 1953.
6 Ostendorf, 1908 (wie Anm. 1), S. 31, Abb. 61 und 63.
7 Burghard Lohrum, »Vom Pfettendach zum Sparrendach. Bemerkungen zur konstruktiven Entwicklung des süddeutschen Dachwerkes ab dem frühen 12. Jahrhundert«, in: Herbert May und Kilian Kreilinger (Hrsg.), Alles unter einem Dach – Häuser, Menschen, Dinge. Festschrift für Konrad Bedal zum 60. Geburtstag (Quellen und Materialien zur Hausforschung in Bayern, 12), Petersberg 2004, S. 255–284.
8 Jürg Goll, »Müstair. Ausgrabung und Bauuntersuchung im Kloster St. Johann«, in: Jahresberichte des Archäologischen Dienstes Graubünden und der Denkmalpflege Graubünden 2006, S. 23–36.
9 Den Hinweis auf diese Spolie verdanke ich Kurt Bänteli, Schaffhausen.
10 Burghard Lohrum, »Ergebnisse der Bauforschung bei der Analyse abgegangener Dachkonstruktionen. St. Dionysius in Munderkingen, Dominikanerkirche in Esslingen, Stiftskirche St. Georg auf der Reichenau«, in: Stratigraphie und Gefüge. Beiträge zur Archäologie des Mittelalters und der Neuzeit und zur historischen Bauforschung (Forschungen und Berichte zur Archäologie des Mittelalters Baden-Württemberg, 28), Stuttgart 2008, S. 213–224.
11 Lohrum, 2004 (wie Anm. 7).

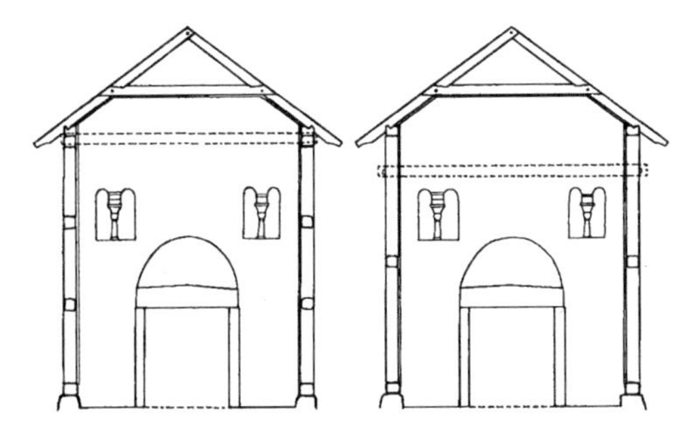

Abb. 15 Reichenau, St. Georg, Rekonstruktionsversuche zur ursprünglichen Dachwerkkonstruktion in Kombination mit zwei möglichen Varianten des hölzernen Unterbaus, um 935 (d)

Autoren

Prof. Dr. Johann Josef Böker
Südwestdeutsches Archiv für Architektur und Ingenieurbau (saai),
Karlsruher Institut für Technologie (KIT)

Dr.-Ing. Dipl.-Holzwirt Thomas Eißing
Institut für Archäologie, Denkmalkunde und Kunstgeschichte (IADK),
Universität Bamberg

Prof. Dr. Michael Goer
Arbeitskreis für Hausforschung e. V. (AHF), Esslingen

Dr. Julia Hauch
Heidenrod

Dr. Gerhard Kabierske
Südwestdeutsches Archiv für Architektur und Ingenieurbau (saai),
Karlsruher Institut für Technologie (KIT)

Dr.-Ing. Architektin Roswitha Kaiser
LWL-Amt für Denkmalpflege in Westfalen, Münster

Dr. Clemens Kieser
Regierungspräsidium Karlsruhe, Referat Denkmalpflege

Dr. Joachim Kleinmanns
Südwestdeutsches Archiv für Architektur und Ingenieurbau (saai),
Karlsruher Institut für Technologie (KIT)

Burghard Lohrum
Ettenheimmünster

Dr. habil. Ulrich Maximilian Schumann
Südwestdeutsches Archiv für Architektur und Ingenieurbau (saai),
Karlsruher Institut für Technologie (KIT)

Impressum

Schriften des Südwestdeutschen Archivs für Architektur und
Ingenieurbau (saai) am Karlsruher Institut für Technologie (KIT),
hrsg. von Prof. Dr. Johann Josef Böker
Band 1

Bibliografische Information der Deutschen Nationalbibliothek
Die Deutsche Nationalbibliothek verzeichnet die Publikation
in der Deutschen Nationalbibliografie; detaillierte bibliografische
Daten sind im Internet über http://dnb.ddb.de abrufbar.

Umschlagabbildung aus:
Friedrich Ostendorf, Die Geschichte des Dachwerks. Erläutert an
einer großen Anzahl mustergültiger alter Konstruktionen, Leipzig 1908,
Abb. 11 und 12, S. 6

Gestaltung:
Constanze Greve, Oliver Wrobel
zwoelf Büro für Gestaltung, Karlsruhe

Druck:
Engelhardt und Bauer, Karlsruhe

Bindung:
Buchbinderei Schaumann GmbH, Darmstadt

ISBN 978-3-99014-011-6
www.muerysalzmann.at

Bildnachweis

Seite 4 saai Karlsruhe, Foto: Th. Jacob/Stuttgart
Seite 5 Stadtarchiv Karlsruhe, 8 PBS o III.565

Julia Hauch

Abb. 1 saai Karlsruhe, Bestand Friedrich Ostendorf, Skizzenbuch VI
Abb. 2 saai Karlsruhe, Bestand Friedrich Ostendorf, Skizzenbuch XV
Abb. 3 saai Karlsruhe, Bestand Friedrich Ostendorf
Abb. 4 saai Karlsruhe, Bestand Friedrich Ostendorf
Abb. 5 Architekturmuseum TU Berlin, Inv.-Nr. SW-A 1899-14
Abb. 6 aus: F(ranz) Kersting, Lippstadt zu Anfang des 20. Jahrhunderts. Zugleich ein Führer durch die Stadt und ihre nähere Umgebung, Lippstadt 1905/06, S. 170
Abb. 7 aus: Friedrich Ostendorf, Sechs Bücher vom Bauen. Dritter Band, Die äußere Erscheinung der mehrräumigen Bauten. Hrsg. und bearb. von Walter Sackur, Berlin 1920, Abb. 172
Abb. 8 aus: Der Profanbau, 6. Jg. (1910), S. 587
Abb. 9 Wilhelm Kratt, Karlsruhe; Regierungspräsidium Karlsruhe, Referat Denkmalpflege
Abb. 10 Julia Hauch

Gerhard Kabierske

Abb. 1 Regierungspräsidium Karlsruhe, Referat Denkmalpflege
Abb. 2 Stadtarchiv Karlsruhe, 8/PBS XVI/584
Abb. 3 aus: Friedrich Ostendorf, Sechs Bücher vom Bauen. Erster Band. Einführung, 4. Auflage Berlin 1922, Abb. 70
Abb. 4 aus: Friedrich Ostendorf, Sechs Bücher vom Bauen. Erster Band. Einführung, 4. Auflage Berlin 1922, Abb. 72
Abb. 5 aus: Friedrich Ostendorf, Sechs Bücher vom Bauen. Erster Band. Einführung, 4. Auflage Berlin 1922, Abb. 71
Abb. 6 aus: Friedrich Ostendorf, Sechs Bücher vom Bauen. Erster Band. Einführung, 4. Auflage Berlin 1922, Abb. 73
Abb. 7 Friedrich Ostendorf, Haus und Garten. Erster Supplementband zu den Sechs Büchern vom Bauen, Berlin 1914, S. 538, Abb. 395
Abb. 8 aus: Moderne Bauformen, 8 Jg. (1909), S. 28
Abb. 9 aus: Friedrich Ostendorf, Haus und Garten. Erster Supplementband zu den Sechs Büchern vom Bauen, Berlin 1914, S. 410–411
Abb. 10 aus: Friedrich Ostendorf, Haus und Garten. Erster Supplementband zu den Sechs Büchern vom Bauen, Berlin 1914, S. 133
Abb. 11 aus: Friedrich Ostendorf, Haus und Garten. Erster Supplementband zu den Sechs Büchern vom Bauen, Berlin 1914, S. 134
Abb. 12 aus: Die Kunst. Dekorative Kunst, Bd. 22 (1914), S. 59, auch in: Dekorative Kunst, 17. Jg. (1913/14), S. 59.

Clemens Kieser

Abb. 1 aus: Friedrich Ostendorf, Haus und Garten. Erster Supplementband zu den Sechs Büchern vom Bauen, Berlin 1914, Abb. 412, nach S. 564
Abb. 2 Ernst Gottmann, Heidelberg; Regierungspräsidium Karlsruhe, Referat Denkmalpflege
Abb. 3 Ernst Gottmann, Heidelberg; Regierungspräsidium Karlsruhe, Referat Denkmalpflege
Abb. 4 Ernst Gottmann, Heidelberg; Regierungspräsidium Karlsruhe, Referat Denkmalpflege
Abb. 5 Regierungspräsidium Karlsruhe, Referat Denkmalpflege
Abb. 6 aus: Friedrich Ostendorf, Haus und Garten. Erster Supplementband zu den Sechs Büchern vom Bauen, Berlin 1914, Abb. 415, S. 571
Abb. 7 Ernst Gottmann, Heidelberg; Regierungspräsidium Karlsruhe, Referat Denkmalpflege
Abb. 8 Ernst Gottmann, Heidelberg; Regierungspräsidium Karlsruhe, Referat Denkmalpflege
Abb. 9 Ernst Gottmann, Heidelberg; Regierungspräsidium Karlsruhe, Referat Denkmalpflege
Abb. 10 Ernst Gottmann, Heidelberg; Regierungspräsidium Karlsruhe, Referat Denkmalpflege
Abb. 11 aus: Friedrich Ostendorf, Haus und Garten. Erster Supplementband zu den Sechs Büchern vom Bauen, Berlin 1914, Abb. 414, S. 570

Roswitha Kaiser

Abb. 1 Heimatmuseum Lippstadt, Repro LWL-Amt für Denkmalpflege, Münster
Abb. 2 LWL-Amt für Denkmalpflege, Münster, Roswitha Kaiser
Abb. 3 LWL-Amt für Denkmalpflege, Münster
Abb. 4 Stadtarchiv Lippstadt, S KPL 331v
Abb. 5 Stadtarchiv Lippstadt, S KPL 331v
Abb. 6 Stadtarchiv Lippstadt, S KPL 331v
Abb. 7 LWL-Amt für Denkmalpflege, Münster, Schüttemeyer
Abb. 8 LWL-Amt für Denkmalpflege, Münster, Schüttemeyer
Abb. 9 aus: Friedrich Ostendorf, Sechs Bücher vom Bauen. Zweiter Band. Die Äussere Erscheinung der einräumigen Bauten, Berlin 1919, Abb. 4

Ulrich Maximilian Schumann

Abb. 1 saai Karlsruhe, Bestand Friedrich Ostendorf
Abb. 2 saai Karlsruhe, Bestand Friedrich Ostendorf

Abb. 3 saai Karlsruhe, Bestand Friedrich Ostendorf
Abb. 4 aus: Friedrich Ostendorf, Die Geschichte des Dachwerks. Erläutert an einer großen Anzahl mustergültiger alter Konstruktionen, Leipzig 1908
Abb. 5 saai Karlsruhe, Bestand Friedrich Ostendorf
Abb. 6 saai Karlsruhe, Bestand Friedrich Ostendorf
Abb. 7 saai Karlsruhe, Bestand Friedrich Ostendorf

Thomas Eißing

Abb. 1 Eißing/Werther 2008
Abb. 2 aus: Friedrich Ostendorf, Die Geschichte des Dachwerks. Erläutert an einer großen Anzahl mustergültiger alter Konstruktionen, Leipzig 1908, Abb. 11 und 12, S. 6
Abb. 3 aus: Friedrich Ostendorf, Die Geschichte des Dachwerks. Erläutert an einer großen Anzahl mustergültiger alter Konstruktionen, Leipzig 1908, Abb. 5, S. 2
Abb. 4 aus: Friedrich Ostendorf, Die Geschichte des Dachwerks. Erläutert an einer großen Anzahl mustergültiger alter Konstruktionen, Leipzig 1908, Abb. 175, S. 97
Abb. 5 aus: Friedrich Ostendorf, Die Geschichte des Dachwerks. Erläutert an einer großen Anzahl mustergültiger alter Konstruktionen, Leipzig 1908, Abb. 189 a–c, S. 114
Abb. 6 aus: Friedrich Ostendorf, Die Geschichte des Dachwerks. Erläutert an einer großen Anzahl mustergültiger alter Konstruktionen, Leipzig 1908, Abb. 204, S. 129
Abb. 7 aus: Friedrich Ostendorf, Die Geschichte des Dachwerks. Erläutert an einer großen Anzahl mustergültiger alter Konstruktionen, Leipzig 1908, Abb. 215, S. 142
Abb. 8 aus: Friedrich Ostenorf, Die Geschichte des Dachwerks. Erläutert an einer großen Anzahl mustergültiger alter Konstruktionen, Leipzig 1908, Abb. 241, S. 156
Abb. 9 aus: Katrin Atzbach, Gotische Gewölbe aus Holz in Utrecht, Gent und Brügge, Schöneiche b. Berlin 2007, S. 122
Abb. 10 aus: Patrick Hoffsummer, Les charpentes de toitures en Wallonie. Typologie et Dendrochronologie (XIe–XIXe siècle), Thèse du doctorat, Université de Liège 1989, gedruckt als Bd. 1 der Reihe Etudes et documents monuments et sites, Namur 1995, 2. Aufl. 1999, Abb. 65

Burghard Lohrum

Abb. 1 aus: Otto Gruber, Deutsche Bauern- und Ackerbürgerhäuser. Eine bautechnische Quellenforschung zur Geschichte des deutschen Hauses, Karlsruhe 1926, Abb. 12, S. 22
Abb. 2 Burghard Lohrum
Abb. 3 aus: Friedrich Ostendorf, Die Geschichte des Dachwerks. Erläutert an einer großen Anzahl mustergültiger alter Konstruktionen, Leipzig 1908, S. 4
Abb. 4 Burghard Lohrum
Abb. 5 aus: Friedrich Ostendorf, Die Geschichte des Dachwerks. Erläutert an einer großen Anzahl mustergültiger alter Konstruktionen, Leipzig 1908, S. 12
Abb. 6 aus: Friedrich Ostendorf, Die Geschichte des Dachwerks. Erläutert an einer großen Anzahl mustergültiger alter Konstruktionen, Leipzig 1908, S. 8
Abb. 7 aus: Friedrich Ostendorf, Die Geschichte des Dachwerks. Erläutert an einer großen Anzahl mustergültiger alter Konstruktionen, Leipzig 1908, S. 8
Abb. 8 aus: Friedrich Ostendorf, Die Geschichte des Dachwerks. Erläutert an einer großen Anzahl mustergültiger alter Konstruktionen, Leipzig 1908, S. 9
Abb. 9 Burghard Lohrum
Abb. 10 Burghard Lohrum
Abb. 11 Burghard Lohrum
Abb. 13 Burghard Lohrum
Abb. 14 Burghard Lohrum
Abb. 15 Burghard Lohrum